信誠品

소태산 대종경 마음공부

10 · 신성품

글·균산 최정풍 교무

머리말

『대종경大宗經』은 원불교 교조인 소태산少太山 박중빈朴重彬 대종사大宗師의 언행록입니다. 원기47(서기1962년)에 완정하여 『정전正典』과 합본, 『원불교교전』으로 편찬 발행되었습니다. 『정전』이 소태산 대종사가 직접 저술한 원불교 제1의 경전이라면 『대종경』은 그의 사상 전반을 이해할 수 있는 제2의 대표 경전입니다. 소태산 대종사의 열반원기28년, 서기1943년 후 『대종경』 편찬에 신속히 착수한 제자들의 노력 덕분에 소태산 대종사의 생생한 말씀과 행적이 온전하게 세상에 전해지게 되었습니다.

소태산의 수제자 정산鼎山종사는 "정전은 교리의 원강을 밝혀 주신 '원元'의 경전이요, 대종경은 두루 통달케 하여 주신 '통通'의 경전이라"고 설한 바 있습니다. 원리적인 가르침을 압축해놓은 『정전』의 이해를 도와주는 필독 경전이라고 할 수 있습니다.

『대종경』은 별다른 해석이나 주석 없이 그냥 쉽게 읽을 수 있는 경전입니다. 하지만 요즘 사람들에게는 낯선 한자 용어에 대한 설명이나 내용 이해를 돕는 부연 설명이 경전 읽기에 도움이 될 수도 있겠다는 생각으로 이 책을 집필하게 되었습니다.

또한 이 책은 『대종경』을 처음 공부하는 이들이 좀 더 쉽게 내용을 파악하도록 돕기 위해서 기획되었습니다. 그런 이유로 첫째, 『대종경』 원문의 문장을 새롭게 편집했습니다. 기본적인 편집 방식에서 벗어나 문단을 왼쪽 정렬로 하고 필자 임의로 문단 나누기, 문장 나누기, 띄어쓰기를 했습니다. 둘째, 어려운 용어들은 사전적 풀이를 요약해서 원문 아래에 각주를 실었습니다. 셋째, 원문에 대한 필자의 부연 설명을 시도했습니다. 이 내용들은 매우 주관적인 해석이라는 한계를 갖고 있습니다. 다른 참고 교재들을 충분히 참고할 것을 권장합니다. 넷째, 경전 내용의 실생활 활용에 방점을 둔 질문들을 해보았습니다. 경전의 내용 파악을 돕기 위한 질문들도 있지만 자신의 삶을 성찰해야만 응답할 수 있는 질문들도 포함되었습니다. 이에 대한 대답은 독자마다 다를 것이고 독자들의 공부 정도에 따라서도 달라질 것입니다. 특정한 정답보다는 최선의 답이 필요합니다. 이런 질문에 응답하는 과정에서 공부가 깊어지기를 바랐습니다. 더 많은 자문자답으로 이어지기를 기대합니다.

　이 책은 주로 교화자로서 살아온 필자가 교화자의 관점에서 쓴 교화교재입니다. 여기 담긴 필자의 견해는 교단의 공식적 견해와는 무관합니다. 현명한 독자들께서 이런 점들을 감안하여 공부의 한 방편으로 활용해주시길 바랍니다. 부족하거나 틀린 내용에 대해서는 여러분들의 가르침을 기다리겠습니다. 아무쪼록 이 작은 책이 주세불 소태산 대종사의 심통제자心通弟子가 되는 데 겨자씨만한 도움이라도 되기를 기원합니다. 출판을 도와주신 모든 분들의 은혜에 깊이 감사합니다.

소태산 마음학교 원남교실 경원재에서
원기109년(서기2024) 2월 1일 균산 최정풍 교무 합장

『대종경』 공부를 하기 전에 「원불교 교사^{敎史}」 일독을 권합니다. 『대종경』은 언행록^{言行錄}이지만 관련 상황에 대한 자세한 설명은 생략된 경우가 많습니다. 교사를 읽으면 법문의 전후 상황을 파악하는 데 큰 도움을 받을 수 있습니다.

다음은 『대종경^{大宗經}』 공부에 도움이 될 만한 대표적인 해설서 및 참고 도서입니다.
『원불교대종경해의』^(한정석, 동아시아, 2001),
『대종경풀이』^(류성태, 원불교출판사, 2005),
『주석 대종경선외록』^(편저 이공전, 주석: 서문성, 원불교출판사, 2017),
『초고로 읽는 대종경』^(고시용, 원불교출판사, 2022),
『원불교교고총간』^(원불교출판사, 1994),
『대종경 강좌 上·下』^(조정중, 배문사, 2017) 등이 있습니다.

법문과 원불교 용어 설명 대부분은
'원불교' 홈페이지 http://won.or.kr/'경전법문집', '원불교대사전' 내용을 인용했습니다. 그 밖에는 '네이버 사전' http://naver.com 에서 인용했습니다.
필자가 쓴 부분은 '필자 주'로 표기했습니다.

'나의 마음공부' 란에는 몇 가지 질문을 실었지만 답을 싣지는 않았습니다. '자문자답'이 더 중요하다고 생각했습니다. 답을 찾는 과정이 '교당내왕시 주의사항'을 실천하는 계기가 되기를 기대합니다. 먼저 자력으로 답을 해보고, '교화단'에서 회화도 하고, 교화단장이나 교무 등 지도인과 문답問答·감정鑑定·해오解悟를 하기 좋은 소재가 되기를 기대합니다.

본문의 문체는 최대한 구어체를 사용했습니다. 독자와의 거리감을 줄이려는 노력이지만 전통적인 문법에는 맞지 않을 수 있습니다. 양해를 구합니다.

이 책을 '경전' 훈련을 위한 교재, '자습서' 삼아서 밑줄도 치고 필기도 하면서 편리하게 활용해주시면 감사하겠습니다.

▶ YouTube '소태산 마음학교'에서 대종경 관련 동영상 시청이 가능합니다.

• 이 책은 이상원 교도님의 후원으로 출판되었습니다. 후원에 감사합니다.

목차

신성품 1장 : 특별한 신심	8
신성품 2장 : 스승을 저울질하는 근기	16
신성품 3장 : 신·분·의·성만 지극하면	24
신성품 4장 : 꿋꿋한 대중이 계속되어야	28
신성품 5장 : 깊은 서원	32
신성품 6장 : 나를 만난 보람	36
신성품 7장 : 죽은 나무에 거름하는 것	42
신성품 8장 : 타력신과 자력신	48
신성품 9장 : 신봉하고 사모하는 마음	54
신성품 10장: 구정 선사	58
신성품 11장: 신 있는 사람이라야	62
신성품 12장: 신앙으로 모든 환경을 지배는 할지언정	66
신성품 13장: 영겁을 일관하라	72
신성품 14장: 알뜰한 사제	76
신성품 15장: 하늘에 사무치는 신성	80
신성품 16장: 모든 경계를 항상 낙으로 돌리는 힘	84
신성품 17장: 혈심 노력	92
신성품 18장: 나의 마음이 그들의 마음	96
신성품 19장: 주세의 성인들	100

대종사 말씀하시기를
[스승이 제자를 만나매 먼저 그의 신성을 보나니
공부인이 독실한 신심이 있으면 그 법이 건네고 공을 이룰 것이요,
신심이 없으면 그 법이 건네지 못하고 공을 이루지 못하나니라.
그런즉, 무엇을 일러 신심이라 하는가.

첫째는 스승을 의심하지 않는 것이니,
비록 천만 사람이 천만 가지로 그 스승을 비방할지라도
거기에 믿음이 흔들리지 아니하며
혹 직접 보는 바에 무슨 의혹되는 점이 있을지라도
거기에 사량심思量心을 두지 않는 것이 신이요,

둘째는 스승의 모든 지도에 오직 순종할 따름이요
자기의 주견과 고집을 세우지 않는 것이 신이요,

세째는 스승이 혹 과도한 엄교嚴敎 중책重責을 하며
혹 대중의 앞에 허물을 드러내며 혹 힘에 과한 고역을 시키는 등
어떠한 방법으로 대하더라도 다 달게 받고 조금도 불평이 없는 것이 신이요,

네째는 스승의 앞에서는 자기의 허물을 도무지 숨기거나 속이지 아니하고
사실로 직고하는 것이 신이니,
이 네 가지가 구비하면 특별한 신심이라,
능히 불조佛祖의 법기法器를 이루게 되리라.]

『대종경』「신성품」1장

- **신성 信誠**: 믿음에 대한 지극한 정성. 정성스럽게 믿는 마음. 진리와 법과 스승과 회상에 대해 정성 다해 믿고 받드는 것.
- **공功**: 일을 마치거나 목적을 이루는 데 들인 노력과 수고. 또는 일을 마치거나 그 목적을 이룬 결과로서의 공적. 애써서 들이는 정성과 힘.
- **엄교 嚴敎**: 엄격한 가르침. 엄한 교지나 분부. 남의 가르침을 높여 이르는 말.
- **중책 重責**: 중대한 책임. 엄하게 책망함.
- **불조 佛祖**: (1) 불교의 개조開祖인 석가모니불. (2) 부처와 조사. 부처는 삼세제불을 말하고, 조사는 역대 조사를 말한다. 불교의 모든 성현들을 의미한다.
- **법기 法器**: 법의 그릇이 큰 사람. 불법의 가르침을 받기에 족한 사람이다. 법의 그릇이 크다는 것은 법의 근기가 높고, 대도수행을 할 수 있는 바탕과 소질이 큰 사람이다.

특별한 신심 | 풀이 |

대종사 말씀하시기를
[스승이 제자를 만나매 먼저 그의 신성을 보나니
공부인이 독실한 신심이 있으면 그 법이 건네고 공을 이룰 것이요,
신심이 없으면 그 법이 건네지 못하고 공을 이루지 못하나니라.

'신성信誠'이란 단어는 '믿을 신信'자와 '정성 성誠'자로 이뤄졌습니다.
'믿음'과 '정성'입니다.
왜 '믿을 신信'자에 '정성 성誠'자가 더해졌을까요?
필자 임의로 해석해보자면,
'믿음', '믿는다는 사람의 말'(人+言)이 중요하지만,
'그 말을 이루려는 노력'(言+成)도 그만큼이나 더 중요하기 때문인 것 같습니다.
'신성'은 정성스러운 믿음, 정성스러운 노력을 동반한 믿음을 의미합니다.
이럴 때는 믿었다가 저럴 때는 믿지 않는 변덕스럽고 약한 믿음이 아니라,
어떤 상황에서도 일관되는 실천을 동반한 꾸준한 믿음을 의미합니다.
형식적인 얕은 믿음이 아니라 매우 본질적이고 심층적인 깊은 믿음을 의미합니다.

'스승이 제자를 만나매 먼저 그의 신성을 보'는 이유는 무엇일까요?
한때의 불꽃 같은 믿음으로는 '법이 건네고 공을 이루지 못하'기 때문입니다.
스승이 제자에게 신앙과 수행을 깊이 있게 꾸준히 지도할 수 없기 때문이고,
제자가 신앙과 수행을 꾸준히 실행하지 못하면 그 공덕을 얻지 못하기 때문입니다.
신앙과 수행의 전제와 기초가 '신성'인 것입니다.

그런즉, 무엇을 일러 신심이라 하는가.

신앙과 수행을 위해서는 '믿음과 정성'이 필요하지만
우선 '믿는 마음'인 '신심信心'이 필요합니다.
이어지는 내용에서 신심의 대상은 주로 '스승'입니다.
종교가의 믿음의 출발은 스승과 제자 사이의 믿음에서 시작됩니다.

참고해야 할 것은 이 법문들이 설해질 당시의 초창기 교단은
체계적 교리나 경전, 제도 등을 갖추지 못한 상태였다는 점입니다.
진리에 대한 깨달음과 제생의세의 경륜이 소태산 대종사님의 내면에만
존재했던 시절입니다.
외면적으로 믿음을 밑받침할만한 것이 아무것도 없는 상황에서
신앙과 수행을 지도해야 했을 대종사님의 상황을 참작해야 할 것입니다.

첫째는 스승을 의심하지 않는 것이니,
비록 천만 사람이 천만 가지로 그 스승을 비방할지라도
거기에 믿음이 흔들리지 아니하며
혹 직접 보는 바에 무슨 의혹되는 점이 있을지라도
거기에 사량심思量心을 두지 않는 것이 신이요,

자신의 스승이 바른 스승이라는 믿음이 있어야 합니다.
그 스승의 지도를 받아 신앙과 수행의 깊이를 더하겠다는 서원이 전제되어야 합니다.
그렇지 않으면 '스승'도 무의미하고 그의 '지도'를 받는 것도 무의미합니다.
'의심'하는 스승의 지도를 받아 신앙길과 수행길을 갈 수는 없습니다.

지난 역사를 보면 석가모니 부처님이나 예수님과 같은 성현님들이
'천만 사람이 천만 가지로' 하는 '비방'을 받았습니다.
'천만 사람'의 마음에 들지 않는 듣기 싫은 소리(?)를 했기 때문입니다.
돌처럼 굳어진 미신과 관습을 깨트리려는 과감한 가르침을 폈기 때문입니다.

그 '천만 사람'들에게는 당시 성현들의 미신과 관습을 깨는 올곧은 가르침이
곧 자신들을 비방하고 파괴하는 것으로 느껴졌을 것입니다.
그래서 성현들과 선지자들은 당대 사람들에게 능멸당하고 희생당했습니다.
부처와 성현이라서 비방을 받는 것인데 비방받음을 이유로 믿음을 버린다면
본말전도本末顚倒입니다.

또한 '혹 직접 보는 바에 무슨 의혹되는 점이 있을지라도'
일정 단계에서는 자신의 눈을 의심할 필요가 있습니다.
소태산 대종사님은 '그 사람이 아니면 그 사람을 모르는지라' 라는 말씀을
『대종경』에서 세 번이나 언급하셨습니다.
범부와 중생이 부처님의 허물을 발견한다는 것에는 분명한 한계가 있습니다.

현실적으로 '스승'과 '사량심'의 관계는 '닭이 먼저냐 달걀이 먼저냐'와 같은
논리적 문제가 있긴 합니다.
스승님을 택하려면 사량심으로 분별할 수밖에 없는데,
스승님을 모시려면 사량심을 가지지 말라고 하기 때문입니다.
범부와 중생의 눈으로 스승을 가려내서 믿음을 바쳐야 하는데
그들의 지혜의 눈은 아직 정확하지 않기 때문입니다.
바른 스승을 만나서 지도받고 성장을 한 다음에야 그 눈이 밝아지니
'사량심思量心을 두지 않는 것'이 어려울 수 있습니다.
대종사님은 범부 중생의 이런 속 사정을 이미 잘 아셨다고 생각합니다.
누군가를 '스승'으로 모시기 시작했으면 믿음이 흔들리지 않아야 합니다.
'사량심思量心'은 스승을 선택하기 전에 필요한 것입니다.

둘째는 스승의 모든 지도에 오직 순종할 따름이요
자기의 주견과 고집을 세우지 않는 것이 신이요,

스승은 공부길과 인생길을 안내하는 지혜로운 사람(智者)입니다.

안내자를 따르지 않고 목적지에 도달할 수 없습니다.
수없이 목적지를 다녀온 안내자의 말을 따르지 않고 주견을 고집하는 여행자는
길을 잃거나 위험에 처한 뒤에야 안내자의 가치를 깨닫게 됩니다.

세째는 스승이 혹 과도한 엄교嚴教 **중책**重責**을 하며**
혹 대중의 앞에 허물을 드러내며 혹 힘에 과한 고역을 시키는 등
어떠한 방법으로 대하더라도 다 달게 받고 조금도 불평이 없는 것이 신이요,

지혜로운 스승은 제자의 근기, 수준을 꿰뚫어 봅니다.
엄한 가르침과 무거운 책망 역시 제자의 성장을 촉진하기 위한 방편입니다.
바른 스승에게는 제자를 위한 명확한 지도 방침과 목적이 있습니다.
마치 훈련으로 선수를 지도하는 감독과 같습니다.
제자가 새로운 차원으로 올라서기 위해서는 스승의 강한 지도와 훈련을 달게
받아들여야 합니다.

네째는 스승의 앞에서는 자기의 허물을 도무지 숨기거나 속이지 아니하고
사실로 직고하는 것이 신이니,

허물을 숨긴 채 허물을 고치기는 매우 어렵습니다.
허물을 고치는 방법을 잘 알고 고치는 것을 도와주는 사람이 스승이니,
제자가 스승의 도움을 받으려면 이실직고以實直告해야 합니다.
마음의 상태를 사실적으로 알리고 도움을 청해야 스승이 가르침을 줄 수 있습니다.

소태산 대종사님께서 『정전』「교당 내왕시 주의사항」에서
"1. 상시 응용 주의 사항으로 공부하는 중 어느 때든지 교당에 오고 보면 그 지낸
  일을 일일이 문답하는 데 주의할 것이요,
 2. 어떠한 사항에 감각된 일이 있고 보면 그 감각된 바를 보고하여 지도인의 감정
  얻기를 주의할 것이요,

3. 어떠한 사항에 특별히 의심나는 일이 있고 보면 그 의심된 바를 제출하여
   지도인에게 해오解悟 얻기를 주의할 것이요.”라고 설한 바와 같습니다.
또한 스승과 지도인을 의사로, 환자를 제자로 비유해서 설하신 법문도 좋은 참고가 됩니다.
"공부하는 사람이 각자의 마음 병을 발견하여 그것을 치료하기로 하면 먼저 치료의
방법을 알아야 할 것이니, 첫째는 육신병 환자가 의사에게 자기의 병증을 속임 없이
고백하여야 하는 것 같이 그대들도 지도인에게 마음병의 증세를 사실로 고백하여야
할 것이요, 둘째는 육신병 환자가 모든 일을 의사의 지도에 순응하여야 하는 것 같이
그대들도 지도인의 가르침에 절대 순응하여야 할 것이요, 셋째는 육신병 환자가
그 병이 완치되도록까지 정성을 놓지 아니하여야 하는 것 같이 그대들도 끝까지
마음병 치료에 정성을 다하여야 할지니, 이와같이 진실히 잘 이행한다면 마침내
마음의 완전한 건강을 회복하는 동시에 마음병에 허덕이는 모든 대중을 치료할
의술까지 얻게 되어, 너른 세상에 길이 제생의세의 큰일을 성취하게 되리라."
- 『대종경』「수행품」57장

이 네 가지가 구비하면 특별한 신심이라,
능히 불조佛祖의 법기法器를 이루게 되리라.]

범부와 중생의 마음 그릇을 그대로 둔 채 부처와 조사의 마음을 담을 수는 없습니다.
마음 그릇을 비우든지 아예 깨트려야 합니다.
자신의 체면이나 관념이나 습관 등의 상相에서 벗어나야 합니다.
자신의 상을 벗어나는 데는 『금강경金剛經』의
「무릇 형상 있는 바가 다 이 허망한 것이니
만일 모든 상이 상 아님을 보면 곧 여래를 보리라.
(凡所有相 皆是虛妄 若見諸相非相 卽見如來)」라는 말씀도 도움이 됩니다.

나의 그릇, '나'라는 그릇이 깨져야 '법기'를 이룰 수 있습니다.
'특별한 신심'으로 '법기'를 마련해야 '불조'의 가르침을 받아들일 수 있습니다.

나의 마음공부

- 나는 '천만 사람이 천만 가지로 그 스승을 비방할지라도 거기에 믿음이 흔들리지 아니'할 신심이 있나요?

- 나는 '스승의 모든 지도에 오직 순종할 따름이요 자기의 주견과 고집을 세우지 않는' 신심이 있나요?

- 스승이 혹 과도한 엄교嚴敎 중책重責을 하며 혹 대중의 앞에 허물을 드러내며 혹 힘에 과한 고역을 시키는 등 어떠한 방법으로 대하더라도 다 달게 받고 조금도 불평이 없는' 정도의 신심이 있나요?

- 나는 '스승의 앞에서는 자기의 허물을 도무지 숨기거나 속이지 아니하고 사실로 직고하는' 신심이 있나요?

- 나는 '불조佛祖의 법기法器'를 이루고 있나요?

대종사 말씀하시기를
[모든 공부인의 근기根機가 천층 만층으로 다르나
대체로 그를 상·중·하 세 근기로 구분하나니,
상근기는 정법을 보고 들을 때에 바로 판단과 신심이 생겨나서
모든 공부를 자신하고 행하는 근기요,
중근기는 자세히 아는 것도 없고 혹은 모르지도 아니하여
항상 의심을 풀지 못하고 법과 스승을 저울질하는 근기요,
하근기는 사邪와 정正의 분별도 없으며 계교와 의심도 내지 아니하여
인도하면 인도하는 대로 순응하는 근기라,

이 세 가지 근기 가운데 도가에서 가장 귀히 알고 요구하는 것은 상근기이니,
이 사람은 자기의 공부도 지체함이 없을 것이요,
도문의 사업도 날로 확장하게 할 것이며,
둘째로 가히 인도할 만한 것은 하근기로서 독실한 신심이 있는 사람이니,
이 사람은 비록 자신은 없다 할지라도,
법을 중히 알고 스승을 돈독히 믿는 데 따라
그 진행하는 정성이 쉬지 않으므로 필경은 성공할 수 있나니라.
그러나, 그중에 가장 가르치기 힘들고 변덕이 많은 것은 중근기니,
이 사람은 법을 가벼이 알고 스승을 업신여기기 쉬우며,
모든 일에 철저한 발원과 독실한 성의가 없으므로 공부나 사업이나
성공을 보기가 대단히 어렵나니라.

그러므로, 중근기 사람들은 그 근기를 뛰어넘는 데에 공을 들여야 할 것이며
하근기로서도 혹 바로 상근기의 경지에 뛰어오르는 사람이 있으나,
만일 그렇지 못하고, 중근기의 과정을 밟아 올라가게 될 때에는
그때가 또한 위험하나니 주의하여야 하나니라.]

『대종경』「신성품」2장

- **근기 根機** : 교법敎法을 받아들여 성취할 품성과 능력의 정도. 근기根機는 물건의 근본되는 힘인 근根과 발동發動함인 기機가 합성된 용어로서 기근機根이라고도 하는데 부처님의 가르침을 듣고 그대로 발동할 수 있는 능력에 따라 중생을 분류한 것이다. 곧 부처님의 교화에 의해 발동할 수 있도록 중생의 마음 가운데 본래부터 가지고 있는 능력의 차등을 의미하며 상근기上根機·중근기中根機·하근기下根機가 있다.
- **돈독 敦篤하다** : 도탑고 성실하다.
- **독실 篤實하다** : 믿음이 두텁고 성실하다.

스승을 저울질하는 근기根機 | 풀이 |

대종사 말씀하시기를
[모든 공부인의 근기根機가 천층 만층으로 다르나
대체로 그를 상·중·하 세 근기로 구분하나니,
상근기는 정법을 보고 들을 때에 바로 판단과 신심이 생겨나서
모든 공부를 자신하고 행하는 근기요,
중근기는 자세히 아는 것도 없고 혹은 모르지도 아니하여
항상 의심을 풀지 못하고 법과 스승을 저울질하는 근기요,
하근기는 사邪와 정正의 분별도 없으며 계교와 의심도 내지 아니하여
인도하면 인도하는 대로 순응하는 근기라,

소태산 대종사님께서 공부인의 '근기根機'에 대해 자세히 설해주십니다.
식물 종자에 비유하자면 똑같은 조건에서 파종을 해도
종자에 따라 소출이 다른 것과 같습니다.
같은 조건에서 같은 공력을 들여도 그 결과가 다를 수 있습니다.
공부인 각자의 근기가 다 다르기 때문입니다.
다생에 각자가 쌓은 업을 고려한다면
'공부인의 근기가 천층 만층으로 다르'다는 말씀을 이해할 수 있습니다.
그러니 스승이 제자를 지도할 때도 '천층 만층'의 어려움이 있을 것입니다.

대종사님은 이 '천층 만층'의 근기를 대체로 상근기·중근기·하근기 셋으로 나누어,
주로 바른 분별과 판단 그리고 신심을 중심으로 설명해주십니다.
'바로 판단과 신심이 생겨나서 모든 공부를 자신하고 행하는' 상근기,
'항상 의심을 풀지 못하고 법과 스승을 저울질하는' 중근기,
'계교와 의심도 내지 아니하여 인도하면 인도하는 대로 순응하는' 하근기입니다.

공부인은 이 법문을 깊이 새기며 자신의 근기를 정확히 파악할 필요가 있습니다.

이 세 가지 근기 가운데 도가에서 가장 귀히 알고 요구하는 것은 상근기이니,
이 사람은 자기의 공부도 지체함이 없을 것이요,
도문의 사업도 날로 확장하게 할 것이며,

예컨대, 대종사님께서 "송규는 정규의 지량으로 능히 측량할 사람이 아니로다. 내가 송규 형제를 만난 후 그들로 인하여 크게 걱정하여 본 일이 없었고, 무슨 일이나 내가 시켜서 아니 한 일과 두 번 시켜 본 일이 없었노라. 그러므로, 나의 마음이 그들의 마음이 되고 그들의 마음이 곧 나의 마음이 되었나니라."-「신성품」18장 라고 제자를 평가하신 대목과 같습니다.

'나의 마음이 그들의 마음이 되고 그들의 마음이 곧 나의 마음이 되었나니라.' 라는
이심전심의 경지에 이르렀으니,
'무슨 일이나 내가 시켜서 아니 한 일과 두 번 시켜 본 일이 없었'던 것입니다.
『대종경』에 여러 상근기 제자들이 등장하지만
이들이(송규, 송도성 형제) 그중에 가장 두드러진 본보기라고 할 수 있습니다.

둘째로 가히 인도할 만한 것은 하근기로서 독실한 신심이 있는 사람이니,
이 사람은 비록 자신은 없다 할지라도,
법을 중히 알고 스승을 돈독히 믿는 데 따라
그 진행하는 정성이 쉬지 않으므로 필경은 성공할 수 있나니라.

『정전』「법위등급」의 첫 번째 등급인 '보통급'은 '유무식·남녀·노소·선악·귀천을 막론하고 처음으로 불문에 귀의하여 보통급 십계를 받은 사람의 급'이라고 정의됩니다.
성불에 이르는 길에 '근기'는 언급되지 않습니다.
누구나 부처가 될 수 있기 때문입니다.
하지만 반드시 필요한 것이 있으니 '독실한 신심'입니다.

「보통급」 다음에 「특신급特信級」이 있는 까닭입니다.
'독실한 신심'이 바탕이 되어야 신앙과 수행의 길을 끝까지 갈 수 있기 때문입니다.
'독실한 신심'이 '정성'을 만나 그 결과로 '성공'에 이르는 것입니다.
'신信'에 '성誠'을 더해야 '성공成功'을 얻습니다.

다음 법문은 '독실한 신심'에 관한 독특한 사례가 될 듯합니다.
"대종사 설법하실 때에 김정각金正覺이 앞에서 조는지라, 꾸짖어 말씀하시기를 [앞에서 졸고 있는 것이 보기 싫기가 물소 같다.] 하시니, 정각이 곧 일어나 사배를 올리고 웃는지라, 대종사 말씀하시기를 [내가 그 동안 정각에게 정이 떨어질 만한 야단을 많이 쳤으나 조금도 그 신심에 변함이 없었나니, 저 사람은 죽으나 사나 나를 따라 다닐 사람이라.] 하시고, 또 말씀하시기를 [제자로서 스승에게 다 못할 말이 있고 스승이 제자에게 다 못해 줄 말이 있으면 알뜰한 사제는 아니니라.]" - 「신성품」14장

이 법문의 '스승을 돈독히 믿는' 제자와 스승의 모습에서
사제가 온전히 '하나'가 된 모습을 볼 수 있습니다.
제자는 스승이 야단을 치든 말든 신심과 별 상관이 없는 경지에 이르렀습니다.
스승님도 '죽으나 사나 나를 따라다닐 사람'이라고 평하십니다.
신앙과 수행으로 부처가 되는 것이 성불의 길이지만,
이렇게 '죽으나 사나' 부처님을 따라다녀서 성불하는 길도 있겠다는 생각이 들게 하는
정겨운 사제간의 모습입니다.

그러나, 그중에 가장 가르치기 힘들고 변덕이 많은 것은 중근기니,
이 사람은 법을 가벼이 알고 스승을 업신여기기 쉬우며,
모든 일에 철저한 발원과 독실한 성의가 없으므로 공부나 사업이나
성공을 보기가 대단히 어렵나니라.

대종사님께서는 세 근기에 대한 설명을 이어가십니다.
특히 중근기를 크게 경계하십니다.

'법을 가벼이 알고 스승을 업신 여기'니
당연히 '가장 가르치기 힘들고 변덕이 많은' 근기입니다.
'모든 일에 철저한 발원과 독실한 성의가 없'으니,
'발원'이라는 '신信'이 없고, '독실한 성의'라는 '성誠'도 없으니,
'공부나 사업'의 '성공成功'도 보기 어려울 수밖에 없습니다.

그러므로, 중근기 사람들은 그 근기를 뛰어넘는 데에 공을 들여야 할 것이며
하근기로서도 혹 바로 상근기의 경지에 뛰어오르는 사람이 있으나,
만일 그렇지 못하고, 중근기의 과정을 밟아 올라가게 될 때에는
그때가 또한 위험하나니 주의하여야 하나니라.]

상근기처럼 지혜에 바탕해서 굳은 신심을 바로 내거나,
하근기처럼 사리를 잘 몰라도 지도에 순응해야 한다고 설하십니다.
중근기 때가 '위험하나니 주의'하라고 경계해주십니다.
'항상 의심을 풀지 못하고 법과 스승을 저울질'하며 공부를 진전시키기는 어렵습니다.
기초 없는 건물과 같이 위태로운 신앙과 수행이 되고 맙니다.
특별한 상근기가 아닌 이상 공부인은 누구나 중근기 단계를 거칠 수 있습니다.
'그 근기를 뛰어넘는 공을 들여야' 하는 이유입니다.
이 단계를 뛰어넘어야 부처의 경지로 나아갈 수 있습니다.
불지를 향하고 있는 공부인들은 자신의 타고난 근기에 연연하지 말고
오로지 불지를 향해서 정진하고 전진해야 합니다.
도중에 중근기에 이르더라도 그때가 '공을 들여야 할' 때라고 유념해야 합니다.

다음 법문에서도 대종사님은
중근기 공부인의 병증과 그 극복 방법을 자상히 알려주십니다.
공부인이라면 반드시 유념해야 할 내용입니다.
"그대들이 나를 따라 처음 발심한 그대로 꾸준히 전진하여 간다면 성공 못 할 사람이 없으리라. 그러나, 하근下根에서 중근中根되는 때에나, 본래 중근으로 그 고개를 넘지 못

한 경우에 모든 병증^{病症}이 발동하여 대개 상근에 오르지 못하고 말게 되나니, 그대들은 이 무서운 중근의 고개를 잘 넘어서도록 각별한 힘을 써야 하리라. 중근의 병은, 첫째는 공부에 권태증이 생기는 것이니, 이 증세는 일체가 괴롭기만 하고 지리한 생각이 나서 어떤 때에는 그 생각과 말이 세속 사람보다 오히려 못할 때가 있는 것이요, 둘째는 확실히 깨치지는 못했으나 순전히 모르지도 아니하여 때때로 말을 하거나 글을 쓰면 여러 사람이 감탄하여 환영하므로 제 위에는 사람이 없는 것 같이 생각되어 제가 저를 믿고 제 허물을 용서하며 윗 스승을 함부로 비판하며 법과 진리에 호의^{狐疑}를 가져서 자기 뜻에 고집하는 것이니, 이 증세는 자칫하면 그 동안의 적공이 허사로 돌아가 결국 영겁 대사를 크게 그르치기 쉬우므로, 과거 불조들도 이 호의 불신증을 가장 두렵게 경계하셨나니라. 그런데, 지금 그대들 중에 이 병에 걸린 사람이 적지않으니 제 스스로 반성하여 그 자리를 벗어나면 좋으려니와, 만일 그러지 못한다면 이는 장차 제 자신을 그르치는 동시에 교단에도 큰 화근이 될 것이니, 크게 분발하여 이 지경을 넘는 공부에 전력을 다할지어다. 이 중근을 쉽게 벗어나는 방법은 법 있는 스승에게 마음을 가림 없이 바치는 동시에 옛 서원을 자주 반조하고 중근의 말로가 위태함을 자주 반성하는 것이니, 그대들이 이 지경만 벗어나고 보면 불지^{佛地}에 달음질하는 것이 비행기 탄 격은 되리라." - 「부촉품」6장

나의 마음공부

- 나는 '정법을 보고 들을 때에 바로 판단과 신심이 생겨나서 모든 공부를 자신하고 행하는' 상근기인가요?

- 나는 '자세히 아는 것도 없고 혹은 모르지도 아니하여 항상 의심을 풀지 못하고 법과 스승을 저울질하는' 중근기인가요?

- 나는 '사(邪)와 정(正)의 분별도 없으며 계교와 의심도 내지 아니하여 인도하면 인도하는 대로 순응하는' 하근기인가요?

- 나에게는 얼마나 '철저한 발원과 독실한 성의'가 있나요?

- 나는 자신의 근기를 뛰어넘기 위해 어떻게 공을 들이고 있나요?

한 제자 여쭙기를
[저는 본래 재질이 둔하온데 겸하여 공부하온 시일이 아직 짧사와
성취의 기한이 아득한 것 같사오니 어찌하오리까.]
대종사 말씀하시기를
[도가의 공부는 원래 재질의 유무나 시일의 장단에 큰 관계가 있는 것이 아니라
오직 신信과 분忿과 의疑와 성誠으로 정진精進하고 못 하는 데에
큰 관계가 있나니,
누구나 신·분·의·성만 지극하면
공부의 성취는 날을 기약하고 가히 얻을 수 있나니라.]

『대종경』「신성품」3장

신·분·의·성만 지극하면 | 풀이 |

한 제자 여쭙기를
[저는 본래 재질이 둔하온데 겸하여 공부하온 시일이 아직 짧사와
성취의 기한이 아득한 것 같사오니 어찌하오리까.]

'재질'과 짧은 '공부 기간'을 이유로 공부의 성취를 걱정하는 제자에게
소태산 대종사님께서 응답하십니다.
'재질'은 「신성품」 2장 법문의 '근기'와 같다고 볼 수 있습니다.
누구나 의문을 가질만한 질문입니다.

대종사 말씀하시기를
[도가의 공부는 원래 재질의 유무나 시일의 장단에 큰 관계가 있는 것이 아니라
오직 신信과 분忿과 의疑와 성誠으로 정진精進하고 못 하는 데에
큰 관계가 있나니,

대종사님은 도가 공부의 성취 여부는 '재질'과 '공부 기간' 보다는
'오직', '신信·분忿·의疑·성誠'에 '큰 관계'가 있다고 확언하십니다.
제자에게 그런 걱정을 하지 말라는 말씀입니다.

'신信·분忿·의疑·성誠'은 원불교 교리의 핵심 내용입니다.
수행의 강령인 '삼학 팔조' 가운데 '팔조'로서 '진행사조'입니다.
삼학 수행의 진행을 추진하고 촉진하는 공부인의 마음가짐 또는 덕목입니다.
'사연사조捨捐四條'인 '불신不信·탐욕貪慾·나懶·우愚'의 상대 개념입니다.

신성품

『정전』「진행사조進行四條」의 원문입니다.
" 1. 신信
신이라 함은 믿음을 이름이니,
만사를 이루려 할 때에 마음을 정하는 원동력原動力이니라.
2. 분忿
분이라 함은 용장한 전진심을 이름이니,
만사를 이루려 할 때에 권면하고 촉진하는 원동력이니라.
3. 의疑
의라 함은 일과 이치에 모르는 것을 발견하여 알고자 함을 이름이니,
만사를 이루려 할 때에 모르는 것을 알아내는 원동력이니라.
4. 성誠
성이라 함은 간단없는 마음을 이름이니,
만사를 이루려 할 때에 그 목적을 달하게 하는 원동력이니라."

「신성품」의 '신성'이라는 말은 '신'과 '성'으로 이뤄졌습니다.
'마음을 정하는 원동력'인 신심과 '간단없는 마음'인 정성심으로
'만사를 이루려 할 때에 그 목적을 달하게 하는 원동력'을 삼아야 한다는
해석도 가능합니다.
'신성'을 잘 챙긴다면 '분'과 '의'도 함께 챙길 수 있을 것입니다.

누구나 신·분·의·성만 지극하면
공부의 성취는 날을 기약하고 가히 얻을 수 있나니라.]

시간이나 시일이 관건이 아니라 공부인의 마음가짐이 관건입니다.
수많은 마음 중에도 이 네 가지 마음이 필수적입니다.
대종사님께서 제자들의 믿음을 고취하기 위해서
'날을 기약'해서 '공부의 성취'를 보장하십니다.
그만큼 '신·분·의·성'을 중요하게 여기십니다.

나의 마음공부

• 나의 '신심信心'은 어느 정도인가요?

• 나의 '분심憤心'은 어느 정도인가요?

• 나의 '의심疑心'은 어느 정도인가요?

• 나의 '정성심精誠心'은 어느 정도인가요?

• 나는 나의 '재질'의 우열이나 '공부 시일'의 장단과 무관하게 '누구나 신·분·의·성만 지극하면 공부의 성취는 날을 기약하고 가히 얻을 수 있'다고 확신하나요?

대종사 말씀하시기를
[보통 사람들은 어떠한 경계에 발심을 한 때에는
혹 하늘을 뚫는 신심이 나는 듯하다가도
시일이 좀 오래되면 그 신심이 까라지는 수가 있으며,
또는 없던 권리가 있어진다든지, 있던 권리가 없어진다든지,
불화하던 가정이 화락하게 되었다든지, 화락하던 가정이 불화하게 되었다든지
하는 등의 변동이 생길 때에 그 신심이 또한 변동되는 수가 있나니,
이러한 경계를 당할수록 더욱 그 신심을 살펴서 역경을 돌리어 능히 순경을 만들며,
순경이면 또한 간사하고 넘치는 데에 흐르지 않게 하는
꿋꿋한 대중이 계속되어야 가히 큰 공부를 성취하리라.]

『대종경』「신성품」4장

꿋꿋한 대중이 계속되어야 | 풀이 |

대종사 말씀하시기를
[보통 사람들은 어떠한 경계에 발심을 한 때에는
혹 하늘을 뚫는 신심이 나는 듯하다가도
시일이 좀 오래되면 그 신심이 까라지는 수가 있으며,

소태산 대종사님께서 범부들의 신심에는 부침浮沈이 있다고 미리 알려주십니다.
신심이 경계에 따라 오르락내리락 변동한다는 말씀입니다.

또는 없던 권리가 있어진다든지, 있던 권리가 없어진다든지,
불화하던 가정이 화락하게 되었다든지, 화락하던 가정이 불화하게 되었다든지
하는 등의 변동이 생길 때에 그 신심이 또한 변동되는 수가 있나니,

여러 가지 경계 중에서 몇 가지를 예시하십니다.
권리의 유무, 가정의 화목과 불화 등입니다.
부와 명예, 건강 등도 신심의 변동을 가져오는 큰 경계일 것입니다.
'성誠'에 대해서 『정전』「진행사조」는
'간단없는 마음을 이름이니, 만사를 이루려 할 때에 그 목적을 달하게 하는 원동력'이라고 정의했습니다.
'간단間斷'이란 '잠시 그치거나 끊어짐'을 의미합니다.
'간단없는 마음'이란 시공간적으로 끊임이 없는 마음입니다.
언제 어디서나 한결같은 마음이라고 할 수 있습니다.
'무시선無時禪 무처선無處禪'의 마음과 일맥상통하는 마음이라고 할 수 있습니다.
천만 경계에도 신심이 변치 않고 일관되어야 온전한 '신성信誠'이라고 할 수 있습니다.

이러한 경계를 당할수록 더욱 그 신심을 살펴서 역경을 돌리어 능히 순경을 만들며,
순경이면 또한 간사하고 넘치는 데에 흐르지 않게 하는
꿋꿋한 대중이 계속되어야 가히 큰 공부를 성취하리라.]

신심을 살피는 것 자체가 훌륭한 마음공부입니다.
신심이 있어야 역경을 순경으로 돌리고 순경에도 마음을 챙길 수 있기 때문입니다.
믿음이 있어야 수행도 가능하고, 수행으로 챙겨야 신심도 온전할 수 있습니다.
'큰 공부'는 '꿋꿋한 대중'으로 신심을 챙기는 수행으로 이뤄집니다.

이 법문의 '대중'은 '대강 어림잡아 헤아림', '어떠한 표준이나 기준'을 의미합니다.
'경계를 대할 때마다 공부할 때가 돌아온 것을 연두에 잊지 말고 항상 끌리고 안 끌리는
대중만 잡아갈지니라,' - 『정전』「무시선법」

"문 정규(正奎) 여쭙기를[경계를 당할 때 무엇으로 취사하는 대중을 삼으오리까.]
대종사 말씀하시기를 [세 가지 생각으로 취사하는 대중을 삼나니, 첫째는 자기의
세운 바 본래 서원(誓願)을 생각하는 것이요, 둘째는 스승이 가르치는 본의를 생각하는
것이요, 셋째는 당시의 형편을 살펴서 한 편에 치우침이 없는가를 생각하는 것이라,
이 세 가지로 대중을 삼은즉 공부가 항상 매(昧)하지 아니하고 모든 처사가 자연
골라지나니라.]" - 「수행품」33장

이와 같은 법문에서 쓰인 '대중'의 의미와 같습니다.

나의 마음공부

- 나는 언제 '하늘을 뚫는 신심'을 낸 적이 있나요?

- 나는 주로 어떤 경계에 신심이 가라앉나요?

- 나는 견디기 힘든 역경逆境을 신심으로 극복한 적이 있나요?

- 신심이 가라앉을 때나, 약해질 때 어떻게 해서 신심을 회복하나요?

- 나는 '큰 공부'를 성취할 만큼 '꿋꿋한 대중'을 잘 챙기고 있나요?

대종사 말씀하시기를
[세상에 지위가 높은 사람이나
권세가 있는 사람이나
재산이 풍부한 사람이나
학식이 많은 사람은
큰 신심을 발하여 대도에 들기가 어려운데,
그러한 사람으로서 수도에 발심하며 공도에 헌신한다면
그는 전세에 깊은 서원을 세우고 이 세상에 나온 사람이니라.]

『대종경』「신성품」5장

깊은 서원　|풀이|

대종사 말씀하시기를
[세상에 지위가 높은 사람이나
권세가 있는 사람이나
재산이 풍부한 사람이나
학식이 많은 사람은
큰 신심을 발하여 대도에 들기가 어려운데,

지위가 높거나, 권세나 재산이나 학식이 많은 대개의 사람들은
신앙과 수행의 필요성을 덜 느끼기 쉽습니다.
지위, 권세, 재산, 학식이 행복을 가져온다고 믿거나,
그런 것들을 얻는데 너무 많은 힘을 쏟기 때문일 것입니다.
'대도大道'란 '진리적 종교의 신앙, 사실적 도덕의 훈련'이라고 할 수 있고,
정법 신앙·수행이라고도 할 수 있습니다.
별다른 결핍이 없이 풍족한 삶을 누리는 사람이 신앙과 수행을 위해
특별한 신심을 내어 절제된 삶을 살며 구도의 길을 가는 건 흔한 일이 아닙니다.
더 높은 지위, 더 많은 권세와 재산과 학식을 위해서 살기 십상입니다.
범부들의 삶은 대개 개인과 가정의 행복을 추구하는데 국한되곤 합니다.
대종사님은 그들이 '신심'을 발하기가 상대적으로 어렵다고 보셨습니다.

그러한 사람으로서 수도에 발심하며 공도에 헌신한다면
그는 전세에 깊은 서원을 세우고 이 세상에 나온 사람이니라.]

유복한 환경에 만족해서 평범한 삶을 살아갈 만한 사람이
도를 닦는 데 마음을 내고 세상을 위해 헌신하기란 결코 쉬운 일이 아닙니다.

이들이 특별히 '큰 신심'을 발했다면 그 원인이
'전세前世에 깊은 서원을' 세웠기 때문이라고 대종사님께서는 설명해주십니다.

'큰 신심'을 발하는 것이 예사로운 일이 아님을 알 수 있는 법문입니다.
'수도에 발심'하는 데서 더 나아가 수행의 공덕을 성취하고
'공도에 헌신'하는 데서 더 나아가 신앙의 공덕을 이뤄 세상에 유익을 주려면
반드시 굳은 '신심'과 '서원'이 바탕 되어야 합니다.

서원과 신심, 「진행사조」의 관계에 대해 다음 법문이 좋은 참고가 됩니다.
"처음 발심한 사람이 저의 근기도 잘 모르고 일시적 독공篤工으로 바로 큰 이치를 깨치고자 애를 쓰는 수가 더러 있으나 그러한 마음을 가지면 몸에 큰 병을 얻기 쉽고, 마음대로 되지 않을 때에는 퇴굴심退屈心이 나서 수도 생활과 멀어질 수도 있나니 조심할 바이니라. 그러나, 혹 한 번 뛰어서 불지佛地에 오르는 도인도 있나니 그는 다생 겁래에 많이 닦아 온 최상의 근기요 중·하中下의 근기는 오랜 시일을 두고 공을 쌓고 노력하여야 되나니, 그 순서는 첫째 큰 원이 있은 뒤에 큰 신信이 나고, 큰 신이 난 뒤에 큰 분忿이 나고, 큰 분이 난 뒤에 큰 의심이 나고, 큰 의심이 있은 뒤에 큰 정성이 나고, 큰 정성이 난 뒤에 크게 깨달음이 있으며, 깨달아 아는 것도 한 번에 끝나는 것이 아니라 천통 만통이 있나니라." - 『대종경』「수행품」43장

서원-신심-분심-의심-정성심의 순서를 잘 밝혀주신 법문입니다.

나의 마음공부

• 나는 어떤 환경에서 '큰 신심'을 발해서 '대도'에 들기를 발원했나요?

• 나는 내가 바라는 만큼 '수도에 발심하여 공도에 헌신'하고 있나요?

• 나는 내생에도 '큰 신심'으로 '대도'에 들어 수행하고 공도에 헌신할 수 있을까요?

• 나의 '서원'은 얼마나 크고, 굳세고, 영원한지 돌아봅니다.

대종사 말씀하시기를
[여러 사람 가운데에는 나와 사제의 분의分義는 맺었으나
그 신을 오롯하게 하지 못하고
제 재주나 주견에 집착하여
제 뜻대로 하려는 사람이 없지 아니하나니,
나를 만난 보람이 어디 있으리요.
공부인이 큰 서원과 신성을 발하여 전적으로 나에게 마음을 바치었다면
내가 무슨 말을 하고 어떠한 일을 맡겨도 의심과 트집이 없을 것이니,
이리 된 뒤에야 내 마음과 제 마음이 서로 연하여
나의 공들인 것과 저의 공들인 것이 헛되지 아니하리라.]

『대종경』「신성품」6장

• **분의分義** : 자기 분수에 맞게 지켜 나가는 도리.

나를 만난 보람 | 풀이 |

대종사 말씀하시기를
[여러 사람 가운데에는 나와 사제의 분의分義는 맺었으나
그 신을 오롯하게 하지 못하고
제 재주나 주견에 집착하여
제 뜻대로 하려는 사람이 없지 아니하나니,
나를 만난 보람이 어디 있으리요.

소태산 대종사의 안타까움이 묻어나는 법문입니다.
대각을 하시고 '파란 고해의 일체생령을 광대무량한 낙원으로 인도'하려는
구세 경륜을 실현하기 위해 교화를 하시는 과정에서
제자들과의 만남 중에 '만난 보람'을 찾기 어려웠던 경우가 있었던 것 같습니다.

'사제師弟의 분의分義'를 맺는다는 것은
스승은 스승의 본분을 다하고, 제자는 제자의 본분을 다하겠다는 약속입니다.
대종사님은 제자를 지도하는 역할을 다하고자 하셨지만
제자가 제자로서의 도리를 다하지 못해서 대종사님의 뜻대로 되지 않은 데 대한
아쉬움이 묻어나는 법문입니다.
그 원인은 제자가 '그 신을 오롯하게 하지 못하'거나,
'제 재주나 주견에 집착'하거나,
'제 뜻대로 하려' 하기 때문이라고 말씀하십니다.

'나를 만난 보람', 제자가 스승을 만난 보람이란 어떤 것일까요?
'공부길'과 '인생길'의 안내를 직접 받아 새로운 삶을 살게 되는 것입니다.
제자는 구전심수口傳心授로 전인격적인 변화에 도움을 받을 수 있습니다.

영생을 통해서 법 높은 스승을 만나는 기회는 매우 희유합니다.
엄청난 진급의 기회를 놓치지 말아야 합니다.

하지만, '제 재주나 주견에 집착'하는 제자는 그 기회를 놓치게 됩니다.
그 집착심이 바람직한 변화를 가로막기 때문입니다.
'재주나 주견'이 가득한 마음에는 스승의 가르침이 담기지 않습니다.
누군가를 스승으로 모신다는 것은
자신의 '재주와 주견'을 비운다는 전제가 포함된 것임을 잊지 말아야 합니다.
'새 술은 새 부대에'라는 예수님 말씀을 생각해보면 알 수 있습니다.

도가의 스승이 전해주는 것은 '물건'이 아니라 '마음'과 '정신'입니다.
온전한 배움과 전수가 이뤄지려면 자신의 '마음'부터 비워야 합니다.
스승과 제자의 수많은 만남이 모두 성공적 결과를 내지 않는 원인도 여기 있습니다.
사제간의 만남이 제대로만 이뤄진다면
제자에게 엄청난 정신적, 인격적 고양이 단기간에 이뤄질 수 있습니다.
스승의 지도로 제자가 스승의 수준으로 진급하는 것입니다.
제자의 빈 마음이 관건입니다.

참고로 다음 법문을 통해서 스승을 직접 만나서 배우는 '구전심수口傳心授'의 은혜를 알 수 있습니다.
"송 도성宋道性이 여쭙기를 [제가 전 일에 옛 성인의 경전도 혹 보았고 그 뜻의 설명도 들어보았사오나 그 때에는 한갓 읽어서 욀 뿐이요, 도덕의 참 뜻이 실지로 해득되지 못하옵더니 대종사를 뵈온 후로는 차차 사리에 밝아짐이 있사오나, 알고 보니 전에 보던 그 글이요, 전에 듣던 그 말씀이온데, 어찌 하여 모든 것이 새로 알아지는 감이 있사온지 그 이유를 알고자 하나이다.] 대종사 말씀하시기를 [옛 경전은, 비유하여 말하자면, 이미 지어 놓은 옷과 같아서 모든 사람의 몸에 고루 다 맞기가 어려우나 직접 구전 심수口傳心授로 배우는 것은 그 몸에 맞추어 새 옷을 지어 입는 것과 같아서 옷이 각각 그 몸에 맞으리니, 각자의 근기와 경우를 따라 각각 그에 맞는 법으로 마음 기틀을 계발하는 공

부가 어찌 저 고정한 경전만으로 하는 공부에 비할 바이리요.]」 - 『대종경』「교의품」24장

공부인이 큰 서원과 신성을 발하여 전적으로 나에게 마음을 바치었다면
내가 무슨 말을 하고 어떠한 일을 맡겨도 의심과 트집이 없을 것이니,
이리 된 뒤에야 내 마음과 제 마음이 서로 연하여
나의 공들인 것과 저의 공들인 것이 헛되지 아니하리라.]

스승과 제자의 만남이 보람 있으려면
제자가 스승에게 '전적으로 마음을 바쳐야' 합니다.
어느 정도냐면,
'무슨 말을 하고 어떠한 일을 맡겨도 의심과 트집이 없을' 정도가 되어야 합니다.
그 정도의 신성이 밑받침되어야 스승과 제자의 '마음이 서로 연하는'
사제 간의 깊은 정신적 결합과 소통이 심화됩니다.

성불제중의 '서원'이 있어야 교법과 스승에 대한 '신성'이 세워질 것이고
스승에게 '전적으로 마음을 바쳐야',
스승과 제자가 '만난 보람'을 얻을 수 있습니다.

제자들은 수행의 노력을 자신만이 하는 것으로 착각할 수 있습니다.
그렇지 않습니다.
스승님들도 제자 모르게 공을 들이고 있는 것입니다.
제자가 스승을 모시고 수행할 때 스승은 제자가 가늠하기 힘들 만큼
엄청난 공을 들여서 제자의 수행의 성취와 진급을 위해 마음을 씁니다.
제자의 자력과 스승의 타력이 하나로 합쳐져서
'나의 공들인 것과 저의 공들인 것이 헛되지 아니하'는 경지에 도달하는 것입니다.

"병아리는 어미 닭의 품을 떠나지 않고 따라다녀야 잘 클 수 있고 공부인은 스승의
품을 떠나지 않고 적공해야 큰 도를 이룰 수 있나니, 그대들은 대종사께서 만들어 주신

이 회상을 만났을 때 부지런히 공부하여 성불하고 좋은 인연을 많이 맺어 놓아야 하느니라."-『대산종사법어』「신심편」53장 라는 대산 종사님 말씀과 상통합니다.

흔히 '스승이 없다'는 말이 회자되지만,
공부인은 자신의 마음가짐부터 돌아보면서
내 '서원'이 어떤지, 그에 걸맞은 '신성'은 있는지 점검해봐야 합니다.
자칫하면 큰 스승이 옆에 있는데도 알아채지 못할 수 있습니다.
부처님들과 성현님들이 갖은 무시와 고난을 당한 어처구니없는 일들은
먼 과거의 일이 아닐 수 있습니다.
범부와 중생의 눈으로 부처와 성현을 알아보기란 쉽지 않습니다.
큰 스승님을 찾으려면 찾는 이의 마음부터 먼저 비우고 맑혀야 합니다.

나의 마음공부

• 내게 가장 큰 스승님은 누구인가요?

• 내가 스승님을 '만난 보람'은 무엇인가요?

• 스승님이 '어떠한 일을 맡겨도 의심과 트집이 없을' 수 있나요?

• 소태산 대종사님 또는 스승님과 '마음이 서로 연하'고 있나요?

대종사 말씀하시기를
[도가에서 공부인의 신성을 먼저 보는 것은
신(信)이 곧 법을 담는 그릇이 되고,
모든 의두를 해결하는 원동력이 되며,
모든 계율을 지키는 근본이 되기 때문이니,
신이 없는 공부는 마치 죽은 나무에 거름하는 것과 같아서
마침내 결과를 보지 못하나니라.

그러므로, 그대들도 먼저 독실한 신을 세워야 자신을 제도하게 될 것이며,
남을 가르치는 데에도 신 없는 사람에게 신심 나게 하는 것이
첫째가는 공덕이 되나니라.]

『대종경』「신성품」 7장

• 독실 篤實하다 : 믿음이 두텁고 성실하다.

죽은 나무에 거름하는 것 | 풀이 |

대종사 말씀하시기를
[도가에서 공부인의 신성을 먼저 보는 것은

소태산 대종사님께서는 이미 「신성품」 1장에서
'스승이 제자를 만나매 먼저 그의 신성을 보나니' 라고 말씀하신 바 있습니다.
그 이유를 다시 설해주십시오.

신(信)이 곧 법을 담는 그릇이 되고,

믿음이 없으면 무언가를 시작조차 할 수 없습니다.
마음을 정할 수 없기 때문입니다.
대종사님은 『정전』 「진행 사조」에서 '신(信)' 에 대해서
"신이라 함은 믿음을 이름이니,
만사를 이루려 할 때에 마음을 정하는 원동력(原動力)이니라." 라고 설하셨습니다.
믿음 없이 도가의 문에 들어설 수 없습니다.
믿음 없이 신앙의 문에 들어선다는 것은 일종의 형용 모순입니다.
믿음을 발해야 신앙이 가능하고
믿음이 있어야 비로소 수행도 시작됩니다.
믿음이 없으면 신앙과 수행이 불가능하니 당연히 '법'도 담을 수가 없습니다.

모든 의두를 해결하는 원동력이 되며,

믿음이 없이는 '의두(疑頭) 공부'를 할 수 없습니다.
일단 믿음이 있어야 의심도 생기고 그것을 해결하려는 공부심도 생기게 됩니다.

믿음을 발해서 교법을 배우기 시작하면
당연히 평소의 앎을 벗어난 새로운 진리를 접하기 때문입니다.
자신의 수준과 부처님의 수준 사이의 엄청난 간극을 메우려면
믿음에 바탕한 수행이 정성스럽게 지속되어야 합니다.
'신(信)'은 신앙만이 아니라 수행에도 필수적인 마음가짐입니다.

모든 계율을 지키는 근본이 되기 때문이니,

지계(持戒)도 마찬가지입니다.
계율의 필요성을 믿고 공덕을 믿어야 그것을 지키려는 마음이 생깁니다.
심시작용 할 때마다 귀찮고 거슬린 수 있는 계율을 지킨다는 것은
그런 부정적 마음을 이겨낼 만한 긍정적 마음이 전제되어야 가능합니다.
그 긍정적 마음, 해보려는 마음의 시작은 역시 '신(信)', '믿음'에서 출발합니다.

신이 없는 공부는 마치 죽은 나무에 거름하는 것과 같아서
마침내 결과를 보지 못하나니라.

매우 사실적인 비유입니다.
죽은 나무에 좋은 거름을 아무리 준들 소용이 없습니다.
나무와 거름이 물리적 결합은 할지언정 화학적 결합을 하지 못하기 때문이죠.
오히려 거름이 그 나무의 부패를 돕고 말 것입니다.
'죽은 나무'란 '신(信)'이 없는 공부인을 의미합니다.
'신(信)'부터 챙겨야 '공부'라는 '거름'도 제 역할을 할 것입니다.

그러므로, 그대들도 먼저 독실한 신을 세워야 자신을 제도하게 될 것이며,
남을 가르치는 데에도 신 없는 사람에게 신심 나게 하는 것이
첫째가는 공덕이 되나니라.]

'독실한 신'이 있어야 공부길, 인생길을 가서 부처의 길을 갈 수 있습니다.
내가 그렇게 제도되고 구원받아야 다른 사람도 지도하고 제도할 수 있습니다.
그리고 지도의 첫걸음은 사람들을 '신심 나게 하는 것'이어야 합니다.
그래야 그들이 본격적으로 신앙문에 들 수 있고 수행문에 들 수 있기 때문입니다.
내가 믿음으로 제도받아야 남도 그렇게 안내할 수 있습니다.
그렇게 인도한 사람들이 공부길과 인생길을 잘 가서 제도를 받을 때
그들을 인도한 사람의 공덕과 기쁨도 그만큼 클 것입니다.

하지만 '신 없는 사람에게 신심 나게 하는 것'은 결코 쉬운 일이 아닙니다.
수많은 제불조사와 선지식들의 천신만고가 이를 반증합니다.
제자된 입장에선 자신부터 독실한 신심을 챙기고, 공부와 인생에서 큰 성취를 이뤄야
'남을 가르치는 데에도' 바람직한 성과를 낼 수 있을 것입니다.
누군가에게 '신심 나게 하는 것'이 제불조사가 권하는 '첫째가는 공덕'임을
잊지 말아야겠습니다.

나의 마음공부

• 나의 '신(信)'은 얼마나 '독실(篤實)'한가요?

• 나는 '독실한 신을 세워'서 '자신을 제도'했나요?

• 혹시 나 자신을 '죽은 나무'와 같다고 느낀 적이 있나요?

- 나의 공부가 원하는 만큼의 '결과'를 내지 못하고 있다면 그 원인은 무엇일까요?

- '신 없는 사람'에게 어떻게 해야 '신심 나게' 할 수 있을까요?

- 내 삶에 있어서 '첫째가는 공덕'은 무엇인가요?

대종사 말씀하시기를

[삼보三寶를 신앙하는 데에도 타력신과 자력신의 두 가지가 있나니,
타력신은 사실로 나타난 불佛과 법法과 승僧을 사실적으로 믿고 받드는 것이요,
자력신은 자성 가운데 불과 법과 승을 발견하여 안으로 믿고 수행함이라,
이 두 가지는 서로 근본이 되므로 자력과 타력의 신앙을 아울러 나가야 하나,
공부가 구경처에 이르고 보면 자타의 계한이 없이
천지 만물 허공 법계가 다 한 가지 삼보로 화하나니라.]

『대종경』「신성품」8장

- **삼보 三寶** : 이 세상에서 가장 소중한 세 가지 보물이라는 뜻으로 여러 가지가 말해지고 있으나, 불교에서는 불보佛寶·법보法寶·승보僧寶를 말한다. 불보는 진리를 깨친 모든 부처님, 법보는 모범되고 바른 부처님의 교법, 승보는 화합하고 깨끗한 부처님의 가르침대로 수행하는 사람이라는 뜻. 이 삼보에 돌아가 의지하는 것이 삼귀의이다.
- **타력신 他力信** : 타력에 대한 믿음. 곧 일원상·부처님·하나님 등 절대자의 위력을 믿고 의지하여 구제받고 성불할 것을 믿는 것. 그러나 타력신에만 의지하거나 자력신만으로는 참다운 신앙이 되지 못하기 때문에 자타력 병진신앙을 해야 큰 힘을 얻게 된다.
- **자력신 自力信** : 타력신他力信에 대한 말. 자성청정自性淸淨한 불성佛性을 스스로 발현하여 진리(法身)와 일치하려는 신행. 일반적으로 자기 본성의 힘을 믿고 스스로 닦고 행하여 지혜와 복락을 얻는 신앙. 자성삼보, 곧 자기의 자성 속에서 불·법·승 삼보를 발견하여 믿고 수행하는 것으로, 자성 속의 불은 각覺, 법은 정正, 승은 정淨이라는 뜻이다. 자력신과 타력신은 서로 근본이 되고 도움이 되므로, 아울러 신앙하고 수행해야만 원만한 결과를 얻을 수 있게 된다.
- **자성 自性** : 인간에 갖추어진 본성이라는 의미. 이외에 성품·불성·심지心地등 다양한 표현도 대체로 자성과 상통되는 개념이다.
- **계한 界限** : 땅의 경계. 한계.

자력신自力信과 타력신他力信 | 풀이 |

대종사 말씀하시기를
[삼보三寶를 신앙하는 데에도 타력신과 자력신의 두 가지가 있나니,

불교는 전통적으로 삼보를 신앙의 대상으로 삼아왔습니다.
삼보에 대한 믿음을 자력신自力信과 타력신他力信, 안과 밖으로 나눠서 설명하십니다.

타력신은 사실로 나타난 불佛과 법法과 승僧을 사실적으로 믿고 받드는 것이요,
자력신은 자성 가운데 불과 법과 승을 발견하여 안으로 믿고 수행함이라,

타력신의 대상은 '사실로 나타난' 불佛·법法·승僧입니다.
즉, 실제 석가모니 부처님이나 불상, 경전에 담긴 교법, 실제로 출가한 승려입니다.
이 대상을 이해하는 것은 상대적으로 쉽습니다.
보고 만지고 들을 수 있기 때문입니다.
타력신의 방법은 '사실적으로 믿고 받드는 것' 입니다.
살아 있는 승려의 지도를 따르고, 경전 그대로를 믿고,
형상 있는 부처님을 믿으면 됩니다.

한편, 자력신의 대상은 '자성自性 가운데' 있는 불佛·법法·승僧입니다.
그래서 '자성 가운데 불과 법과 승을 발견하여' 라는 전제가 필요합니다.
'발견하지' 못하면 '믿을 수' 없기 때문입니다.
내 안의 불佛·법法·승僧을 발견하는 것은 넓은 의미의 '견성見性' 입니다.
'견성' 하지 못하면 대상을 찾지 못하니 신앙을 할 수 없고, 수행하기도 어렵습니다.

자력신의 방법은 '안으로 믿고 수행' 하는 것입니다.

내 마음에,
변치 않는 신앙의 대상인 진리(불佛–자성불)가 있고,
언제 어디서나 삶의 방향로를 잡아주는 가르침(법法–자성법)이 있으니,
이에 따라 원만한 인격을 이루려는 자아(승僧–자성승)가 수행을 하는 것입니다.

소태산 대종사님의 교법과 사상은 병진竝進과 겸전兼全을 중시합니다.
여기서도 타력과 자력, 안과 밖을 함께 말씀하십니다.
타력신 없이 무형한 '자성自性', 자신의 내면에서만 신앙의 대상을 찾는다는 것은
쉬운 일이 아닙니다.
신앙인이 의지할만한 진리적 방편이 사라지는 것과 같습니다.
타력신이 필요한 이유입니다.
반대로 자력신 없이 유형한 외부의 불佛·법法·승僧 삼보에 의지한다면
사람과 글자, 상相에 얽매이고 집착하는 문제가 발생하기 쉽습니다.
승려의 인격과 법력이 완전무결하기 힘들고,
경전도 시대와 인심, 사람의 근기에 따라 해석하기 어려운 점이 많습니다.
더구나 '사실'로서의 석가모니 부처님이 이미 열반하셨으니 후대의 신자들은
석가모니 부처님의 형상인 불상을 신앙의 대상으로 삼을 수밖에 없습니다.
불상을 신앙의 대상으로 삼을 때의 문제점은 쉽게 추측할 수 있습니다.
자력신이 필요한 이유입니다.
결국 타력신과 자력신을 조화롭게 병진하고 겸전해야 원만한 신앙이 가능합니다.

이 두 가지는 서로 근본이 되므로 자력과 타력의 신앙을 아울러 나가야 하나,

소태산 대종사님은 『정전』「심고心告와 기도祈禱」에서
'사람이 출세하여 세상을 살아가기로 하면 자력自力과 타력他力이 같이 필요하나니
자력은 타력의 근본이 되고 타력은 자력의 근본이 되나니라. 그러므로, 자신할 만한
타력을 얻은 사람은 나무뿌리가 땅을 만남과 같은지라' 라고 말씀하셨습니다.
자력과 타력에 관한 대종사님의 일관된 관점을 알 수 있는 법문입니다.

자력과 타력이 '서로 근본'이 된다는 사실을 깨달아야 하고,
그래서 자력신앙과 타력신앙을 '아울러 나가야'(병진竝進)한다고 설하십니다.

공부가 구경처에 이르고 보면 자타의 계한이 없이
천지 만물 허공 법계가 다 한 가지 삼보로 화하나니라.]

『정전』「심고心告와 기도祈禱」의 표현을 빌어 설명하자면,
'나무뿌리'와 '땅'을 따로 본다면 '자타의 계한界限'이 '있는' 것이고,
'나무뿌리'와 '땅'을 하나로 본다면 '자타의 계한界限'이 '없는' 것입니다.
'공부가 구경처에 이르고 보면',
'나무뿌리'와 '땅'의 계한이나 자타의 계한만이 아니라
세상의 모든 존재들 사이의 계한을 초월할 수 있습니다.

이런 경지가 바로 '처처불상處處佛像 사사불공事事佛供'의 경지여서,
'어느 때 어느 곳이든지 항상 경외심을 놓지 말고 존엄하신 부처님을 대하는 청정한
마음과 경건한 태도로 천만 사물에 응할 것이며, 천만 사물의 당처에 직접 불공하기를
힘써서 현실적으로 복락을 장만할' - 『대종경』「교의품」4장 수 있게 될 것입니다.
이렇게 되어야 '무시선無時禪 무처선無處禪'도 되어서
언제 어디서나 마음공부를 할 수 있고, 할 수밖에 없는 경지에 이를 것입니다.

이 법문에 대한 가장 적확한 해설이 될 정산 종사님 법문을 소개합니다.
"부처님을 믿는 것도 깨닫고 행하신 인격 부처님을 믿는 것은 타력이요,
자기의 마음이 곧 부처인 진리를 알아서
부처와 합일된 자심불을 닦아 나가는 것은 자력이며,
법을 믿는 것도 부처님의 깨달은 경지에서 밝혀 놓으신 법을 믿는 것은 타력이요,
자기 마음의 심법을 알아 일거수일투족이 법에 맞게 하는 것은 자력이며,
승을 믿는 것도 도문의 스승들을 믿는 것은 타력이요,
자기의 참된 양심을 발견하여 그대로 행함은 자력이니,

이와 같이 자력과 타력을 겸하여 신앙하고 수행하여야
자타가 서로 힘을 합하여 원만한 성공을 보게 되리라"
- 『정산종사법어』「권도편」12장

나의 마음공부

- 내 타력신의 대상인 '불佛'은 무엇인가요?

- 내 타력신의 대상인 '법法'은 무엇인가요?

- 내 타력신의 대상인 '승僧'은 무엇인가요?

- 내 자력신의 대상인 '불佛'은 무엇인가요?

- 내 자력신의 대상인 '법法'은 무엇인가요?

- 내 자력신의 대상인 '승僧'은 무엇인가요?

- 나는 '타력신他力信'과 '자력신自力信'을 어떻게 병진하고 있나요?

대종사 제자들에게 물으시기를
[그대들이 나를 오랫동안 보지 못하면 보고 싶은 생각과
가까이 있고자 하는 마음이 얼마나 간절하던가.]
제자들이 사뢰기를
[심히 간절하더이다.]
대종사 말씀하시기를
[그러하리라. 그러나, 자녀가 아무리 효도한다 하여도
부모가 그 자녀 생각하는 마음을 당하기 어렵고,
제자가 아무리 정성스럽다 하여도
스승이 그 제자 생각하는 마음을 당하기 어려우리니,
만일 제자가 스승 신봉하고 사모하는 마음이
스승이 제자 사랑하고 생각하는 마음의 반만 되어도 가히 그 법이 건네게 되리라.]

『대종경』「신성품」 9장

• 사모 思慕 : 애틋하게 생각하며 그리워함. 우러러 받들고 마음으로 따름.

신봉하고 사모하는 마음 | 풀이 |

대종사 제자들에게 물으시기를
[그대들이 나를 오랫동안 보지 못하면 보고 싶은 생각과
가까이 있고자 하는 마음이 얼마나 간절하던가.]
제자들이 사뢰기를
[심히 간절하더이다.]

'오랫동안 보지 못하면', '보고 싶은 생각',
'가까이 있고자 하는 마음'과 같은 표현이 매우 감성적입니다.
스승과 제자 사이는 이성적 가르침을 주고받는 관계이지만
감성적 교감도 주고받는 관계입니다.
법을 전수받으려는 마음은 '가까이 있고자 하는 마음'을 낳습니다.

대종사 말씀하시기를
[그러하리라. 그러나, 자녀가 아무리 효도한다 하여도
부모가 그 자녀 생각하는 마음을 당하기 어렵고,
제자가 아무리 정성스럽다 하여도
스승이 그 제자 생각하는 마음을 당하기 어려우리니,
만일 제자가 스승 신봉하고 사모하는 마음이
스승이 제자 사랑하고 생각하는 마음의 반만 되어도 가히 그 법이 건네게 되리라.]

물론 법문과 달리 생각할 수 있습니다.
제자들이 신심을 바쳐서 스승을 사모하고 생각하는 것이 더 간절하다고.
하지만 소태산 대종사님은 반대로 말씀하십니다.
'스승이 그 제자 생각하는 마음을 당하기 어렵'다고 하십니다.

사모하는 마음이 스승의 반만 되어도 상당한 수준이라고 말씀하십니다.

왜 그럴까요?
흔히 부처님을 '사생四生의 자부慈父'라고 합니다.
'일체 생령의 자비로운 어버이'라는 의미입니다.
부처의 인격을 이룬다는 것은 지식이나 깨달음만이 많아짐을 뜻하지 않습니다.
인간에 대한 사랑, 만생령에 대한 자비심이 극대화된 경지를 의미합니다.
지혜와 덕이 둘이 아니고 깨달음과 자비가 둘이 아니기 때문입니다.
진리를 깨달은 스승의 사랑은 제자의 그것과는 차원이 다릅니다.
겉으로는 제자가 스승을 '신봉하고 사모'하는 것으로 보이지만,
사실은 스승이 '제자 사랑하고 생각하는 마음'이 더 간절한 것입니다.
'자녀가 아무리 효도한다 하여도 부모가 그 자녀 생각하는 마음을 당하기 어렵'다고
하신 말씀과 같습니다.
만시지탄晩時之歎이라는 말과 같이 제자가 철이 들어야 스승의 사랑을 알게 됩니다.

이런 법문을 하시는 이유는 제자들이 '스승 신봉하고 사모하는 마음'이 있어야
'그 법이 건네'기 때문입니다.

나의 마음공부

- 나는 '오랫동안 보지 못하면 보고 싶은 생각과 가까이 있고자 하는 마음'이 나는 스승님을 마음에 모시고 있나요?

- 나는 스승님을 '신봉하고 사모하는 마음'이 어느 정도인가요?

- 나를 사랑해주시는 스승님은 누구인가요?

- 나는 스승이 제자를 사랑하는 마음을 이해하고 공감할 수 있나요?

대종사 말씀하시기를
[제자로서 스승에게 법을 구할 때에
제 마음을 다 바치지 아니하거나 정성에 끊임이 있으면
그 법을 오롯이 받지 못하나니라.
옛날에 구정九鼎 선사는 처음 출가하여
몹시 추운 날 솥을 걸라는 스승의 명을 받고
밤새도록 아홉 번이나 솥을 고쳐 걸고도 마음에 추호의 불평이 없으므로
드디어 구정이라는 호를 받고 중이 되었는데,
그 후 별다른 법문을 듣는 일도 없이 여러 십 년 동안 시봉만 하되
스승을 믿고 의지하는 정성이 조금도 쉬지 아니하였고,
마침내 스승의 병이 중하매 더욱 정성을 다하여 간병에 전력하다가
홀연히 마음이 열려 자기가 스스로 깨치는 것이
곧 법을 받는 것임을 알았다 하니,
법을 구하는 사람이 이만한 신성이 있어야 그 법을 오롯이 받게 되나니라.]

『대종경』「신성품」 10장

구정九鼎 선사 | 풀이 |

대종사 말씀하시기를
[제자로서 스승에게 법을 구할 때에
제 마음을 다 바치지 아니하거나 정성에 끊임이 있으면
그 법을 오롯이 받지 못하나니라.

'제 마음을 다 바치는 것'을 '신信'이라고 한다면,
'정성에 끊임이 없는 것'은 '성誠'이라고 할 수 있습니다.
「신성품信誠品」이란 명칭과 꼭 들어맞는 말씀입니다.
'법을 오롯이 받'으려면 '신성'이 필수적임을 거듭해서 강조하십니다.

옛날에 구정九鼎 선사는 처음 출가하여
몹시 추운 날 솥을 걸라는 스승의 명을 받고
밤새도록 아홉 번이나 솥을 고쳐 걸고도 마음에 추호의 불평이 없으므로
드디어 구정이라는 호를 받고 중이 되었는데,

'구정 선사'의 일화로 신성의 중요성을 설하십니다.
솥을 고쳐 건다는 것은 단순히 솥의 위치만을 바꾸는 것이 아닙니다.
옛날 솥은 벽돌이나 돌, 진흙으로 아궁이를 만들어 거기에 얹어야 했죠.
'몹시 추운 날 솥을 걸라는 스승의 명'을 아홉 번이나 받들었다는 것은
추운 날 맨발로 진흙을 밟아 으깨어 아궁이를 고치는 고행을 했다는 뜻입니다.
한번 하기도 힘든 일을 추운 겨울날 아홉 번이나 반복했다고 하니,
구정九鼎 선사의 이름이 전설처럼 전해져 내려오는 까닭입니다.

그 후 별다른 법문을 듣는 일도 없이 여러 십 년 동안 시봉만 하되
스승을 믿고 의지하는 정성이 조금도 쉬지 아니하였고,
마침내 스승의 병이 중하매 더욱 정성을 다하여 간병에 전력하다가
홀연히 마음이 열려 자기가 스스로 깨치는 것이
곧 법을 받는 것임을 알았다 하니,
법을 구하는 사람이 이만한 신성이 있어야 그 법을 오롯이 받게 되나니라.]

말이나 글로 가르침을 받지 않고도 사제 간의 신성이 굳어져 간 모양입니다.
구정 선사의 마음 됨됨이를 미루어 짐작할 수 있습니다.
'도가의 공부는 원래 재질의 유무나 시일의 장단에 큰 관계가 있는 것이 아니라 오직
신信과 분忿과 의疑와 성誠으로 정진精進하고 못 하는 데에 큰 관계가 있나니'-「신성품」10장
라는 법문과 상통합니다.
진리는 '별다른 법문'에만 있는 것이 아닙니다.
말과 글로 된 '법문'에만 의지할 때 오히려 진리와 멀어질 수 있습니다.
진리는 우주에 편만해서 없는 곳이 없습니다.
법문은 진리를 언어라는 방편에 담은 것일 뿐입니다.

요컨대, 무량한 법문 속에서도 진리를 깨닫지 못할 수 있고,
'별다른 법문' 없이도 진리를 깨달을 수 있습니다.
진리를 깨닫는 데는 진리를 깨달으려는 수행자의 마음가짐,
'신성'이 관건입니다.

나의 마음공부

• 내가 구정 선사의 처지였다면 겨울에 솥을 아홉 번 고쳐서 걸 수 있었을까요?

• 나도 비슷한 경험을 한 적이 있나요?

• '별다른 법문을 듣는 일도 없이' 지내다가 '홀연히 마음이 열리'는 것이 이해가 되나요?

• '마음을 다 바치지 못하거나 정성에 끊임이 있'다면 그 이유는 무엇인가요?

대종사 말씀하시기를
[봄바람은 사私가 없이 평등하게 불어 주지마는
산 나무라야 그 기운을 받아 자라고,
성현들은 사가 없이 평등하게 법을 설하여 주지마는
신 있는 사람이라야 그 법을 오롯이 받아 갈 수 있나니라.]

『대종경』「신성품」11장

• **사私** : 개인이나 개인의 집안에 관한 사사로운 것. 일 처리에서 안면이나 정실情實에 매여 공정하지 못하게 처리하는 일.

신 있는 사람이라야 | 풀이 |

대종사 말씀하시기를
[봄바람은 사私가 없이 평등하게 불어 주지마는
산 나무라야 그 기운을 받아 자라고,

봄바람은 만물을 소생하게 하는 바람입니다.
봄바람은 이 나무 저 나무를 가리지 않습니다.
하지만 죽은 나무는 봄바람의 기운을 받을 수가 없습니다.
봄바람의 문제가 아니라 나무의 문제입니다.

성현들은 사가 없이 평등하게 법을 설하여 주지마는
신 있는 사람이라야 그 법을 오롯이 받아 갈 수 있나니라.]

대종사님은 '성현'을 '봄바람'에 비유하시고
'신信 있는 사람'을 '산 나무'로 비유하십니다.
신 없는 사람은 죽은 나무와 같습니다.
공부인에게 '신'이란 생명과 같습니다.
공부의 성패를 좌우하는 핵심입니다.

죽은 나무는 '자라'지 못합니다.
이 나무는 결국은 썩어갑니다.
성장을 멈춘 공부인은 자라지 못하는 나무와 같습니다.
강급을 거듭할 수밖에 없습니다.

스승은 평등하게 법을 나눠주지만

모든 제자들이 법을 '오롯이' 받아 가는 것은 아닙니다.
스승의 말을 믿는 '신'이 있어야 법을 '오롯이 받아 갈 수' 있습니다.
공부인이 자신의 공부에 진전이 없을 때는
필히 자신의 '신(信)'부터 돌아보아야 합니다.
'신(信)'이 신앙과 수행의 뿌리이기 때문입니다.

소태산 대종사님께서 「신성품」 7장에서
'신이 없는 공부는 죽은 나무에 거름하는 것과 같'다고 하신 바와 같습니다.

나의 마음공부

• 나는 성현님들이 '사가 없이 평등하게 법을 설하여' 주신다고 믿나요?

• 나는 그 법을 '오롯이 받아 갈 수' 있는 사람인가요?

• 내가 그 법을 오롯이 받아 가지 못하고 있다면 그 원인은 무엇일까요?

• 나를 나무에 비유한다면 나는 얼마나 튼튼하고 싱싱한 나무인가요?

12

대종사 금강산을 유람하고 돌아오시어 대중에게 말씀하시기를
[내가 이번에 산에서 유숙한 여관의 주인이 마침 예수교인으로서
그 신앙이 철저하여 대단한 낙생활을 하고 있기에 그의 경력을 물어보았더니,
그는 신앙생활 삼십여 년에 자기의 생활상에 많은 풍파도 있었으나
그러한 굴곡을 당할 때마다 좋은 일이 돌아오면
하나님께서 사랑하여 주시니 감사하고
낮은 일이 돌아오면 저의 잘못을 경계하여 주시니 또한 감사하다 하여,
좋으나 낮으나 경계를 대할 때마다 마음이 더욱 묶어지고 신앙이 더욱 깊어져서
이렇듯 낙 생활을 하게 되었다고 하더라.

그런즉, 그대들도 각각 신앙 정도를 마음 깊이 대조하여 보라.
그 사람은 아직 타력 신앙에 그치어 진리의 근본을 다 더위잡지 못하였으나
그러한 생활을 하게 되었거든
하물며 자력신과 타력신을 병진하는 그대들로서
만일 파란곡절에 조금이라도 마음이 흘러간다면
그 어찌 바른 신앙이며 참다운 정성이라 하겠는가.
그대들은 같은 신앙 가운데에도 이 원만하고 사실다운 신앙처를 만났으니
마음을 항상 챙기고 또 챙겨서
신앙으로 모든 환경을 지배는 할지언정
환경으로 신앙이 흔들리는 용렬한 사람은 되지 말라.]

『대종경』「신성품」12장

- **유람 遊覽하다** : 여기저기 떠돌아 다니며 구경하다.
- **유숙 留宿하다** : 남의 집에서 묵다.
- **용렬 庸劣하다** : 사람이 변변하지 못하고 졸렬拙劣하다.

신앙으로 모든 환경을 지배는 할지언정 | 풀이 |

대종사 금강산을 유람하고 돌아오시어 대중에게 말씀하시기를
[내가 이번에 산에서 유숙한 여관의 주인이 마침 예수교인으로서
그 신앙이 철저하여 대단한 낙생활을 하고 있기에 그의 경력을 물어보았더니,

소태산 대종사님께서 신앙심 철저한 예수교인을 만나
그가 '낙생활樂生活'을 하는 이유를 물어보십니다.

그는 신앙생활 삼십여 년에 자기의 생활상에 많은 풍파도 있었으나
그러한 굴곡을 당할 때마다 좋은 일이 돌아오면
하나님께서 사랑하여 주시니 감사하고
낮은 일이 돌아오면 저의 잘못을 경계하여 주시니 또한 감사하다 하여,
좋으나 낮으나 경계를 대할 때마다 마음이 더욱 묶어지고 신앙이 더욱 깊어져서
이렇듯 낙 생활을 하게 되었다고 하더라.

그의 대답을 요약하자면,
순경에 감사하고, 역경에도 감사했다는 것입니다.
천만 경계에 응할 때마다 마음을 더 잘 챙기고 신앙을 깊게 하니
'낙 생활'을 하게 되었다는 것입니다.
하나님에 대한 절대적인 감사와 신앙을 읽을 수 있는 대답입니다.
대종사님은 절대적인 타력신앙을 하는 예수교인 여관 주인을 보면서
느낀 바를 제자들에게 말씀하십니다.

그런즉, 그대들도 각각 신앙 정도를 마음 깊이 대조하여 보라.
그 사람은 아직 타력 신앙에 그치어 진리의 근본을 다 더위잡지 못하였으나

신성품

그러한 생활을 하게 되었거든
하물며 자력신과 타력신을 병진하는 그대들로서
만일 파란곡절에 조금이라도 마음이 흘러간다면
그 어찌 바른 신앙이며 참다운 정성이라 하겠는가.

대종사님 보시기에
'타력 신앙에 그치'는 신앙은 '진리의 근본을 다 더위잡지 못'한 것입니다.
일종의 반쪽짜리 신앙일 수 있는 것입니다.
타력 신앙과 자력 신앙을 아울러야 원만한 신앙인 것입니다.
'자력신과 타력신을 병진'하도록 지도한 대종사님 입장에서는
제자들이 예수교인보다 더 큰 신앙의 효과를 보기를 원하시는 것이 당연합니다.
제자들이 '파란곡절에 조금이라도 마음이 흘러'가지 않기를 기대하고 요청하십니다.

그대들은 같은 신앙 가운데에도 이 원만하고 사실다운 신앙처를 만났으니
마음을 항상 챙기고 또 챙겨서
신앙으로 모든 환경을 지배는 할지언정
환경으로 신앙이 흔들리는 용렬한 사람은 되지 말라.]

'타력 신앙'와 '자력 신앙'을 아우르니 원만한 신앙이고,
'법신불' 신앙만이 아니라 '사은'까지 신앙하니 원만하면서도 사실적 신앙입니다.
새부처님 소태산 대종사님의 새로운 신앙론입니다.
자력과 타력은 원래 둘로 나뉘어 있지 않습니다.
자력과 타력을 병진한다는 것은 신앙만이 아니라 수행까지도 병진하게 합니다.
'마음을 항상 챙기고 또 챙겨서'라는 말씀 자체가 넓은 의미의 수행이기 때문입니다.

결과적으로 신앙을 통해서 도달해야 할 경지는
'신앙으로 모든 환경을 지배'하는 경지입니다.
소태산 대종사님께서 이미 「교의품」29장에서 가르침의 핵심을

'모든 재주와 모든 물질과 모든 환경을 오직 바른 도로 이용하도록 가르친다 함이니라.'라고 말씀하신 바와 같습니다.

타력 신앙만으로도 '낙 생활'을 하는 사람들이 있습니다.
대종사님의 제자들은 자력 신앙과 타력 신앙을 병진하는 원만한 신앙으로
'진리의 근본을 다 더위잡'아 한 차원 높은 '낙 생활'을 할 수 있어야 합니다.
'신앙으로 모든 환경을 지배'하는 공부인이 될 수 있어야 합니다.
과거와 다른 새로운 신앙 체계를 제시해주신 대종사님의 간절한 바람입니다.

나의 마음공부

• 나는 '자력신과 타력신을 병진'하는 방법을 잘 아나요?

• 나는 '자력신'과 '타력신' 가운데 어느 쪽에 더 자신이 있나요?

• 나는 이 법문에 등장하는 예수교인 정도의 신앙을 하고 있나요?

• 나는 '모든 환경을 지배할' 정도의 신앙을 하고 있나요?

대종사 석두암에 계실 때에,
장적조張寂照 구남수具南守 이만갑李萬甲 등이 여자의 연약한 몸으로
백리의 먼 길을 내왕하며 알뜰한 신성을 바치는지라,
대종사 기특히 여기시어 말씀하시기를
[그대들의 신심이 이렇게 독실하니 지금 내가 똥이라도 먹으라 하면 바로 먹겠는가.] 하시니,
세 사람이 바로 나가 똥을 가져오는지라,
대종사 [그대로 앉으라.] 하시고 말씀하시기를
[그대들의 거동을 보니 똥보다 더한 것이라도 먹을 만한 신심이로다.
그러나, 지금은 회상이 단순해서 그대들을 친절히 챙겨 줄 기회가 자주 있지마는
이 앞으로 회상이 커지고 보면
그대들의 오고 가는 것조차 내가 일일이 알 수 없을지 모르니,
그러한 때에라도 오늘 같은 신성이 계속되겠는가 생각하여 보아서
오늘의 이 신성으로 영겁을 일관하라.]

『대종경』「신성품」13장

- **영겁 永劫** : 극히 긴 세월. 영원한 세월. 무시무종의 영원한 세월. 겁劫은 이 세상이 한번 이루어졌다가 없어지는 긴 시간을 말하는데 그 겁이 영원히 계속된다는 의미.
- **일관 一貫** : '일이관지一以貫之'의 준말. 처음부터 끝까지 같은 태도나 방법으로 계속함.

영겁을 일관하라 | 풀이 |

대종사 석두암에 계실 때에,
장적조張寂照 구남수具南守 이만갑李萬甲 등이 여자의 연약한 몸으로
백리의 먼 길을 내왕하며 알뜰한 신성을 바치는지라,
대종사 기특히 여기시어 말씀하시기를
[그대들의 신심이 이렇게 독실하니 지금 내가 똥이라도 먹으라 하면 바로 먹겠는가.] 하시니,
세 사람이 바로 나가 똥을 가져오는지라,
대종사 [그대로 앉으라.] 하시고 말씀하시기를

현시점에서 보자면 거의 백 년 전의 일화입니다.
제자들의 마음을 떠보시는 말씀에 세 사람의 제자들이 실제로 행동에 나섭니다.
소태산 대종사님은 당연히 제자들을 제지하시며 본의를 말씀하십니다.

[그대들의 거동을 보니 똥보다 더한 것이라도 먹을 만한 신심이로다.
그러나, 지금은 회상이 단순해서 그대들을 친절히 챙겨 줄 기회가 자주 있지마는
이 앞으로 회상이 커지고 보면
그대들의 오고 가는 것조차 내가 일일이 알 수 없을지 모르니,
그러한 때에라도 오늘 같은 신성이 계속되겠는가 생각하여 보아서
오늘의 이 신성으로 영겁을 일관하라.]

이미 이 셋은 평소부터 '알뜰한 신성'을 바쳤던 제자들입니다.
범인의 상식을 넘어서는 행동으로 신성을 증명하려고 했던 제자들입니다.
그런데도 대종사님은 이런 제자들에 대해 걱정을 하십니다.
그동안은 '친절히 챙겨 줄 기회가 자주 있'었지만
'앞으로 회상이 커지고 보면' 그렇게 하지 못할 것을 걱정하시면서

그에 따라 제자들의 '신성이 계속' 될지를 염려하십니다.
대종사님께서는 제자들의 신성이 '영겁을 일관' 하도록 당부하십니다.
한 때의 신信이 아니라 무한히 '영겁永劫을 일관一貫'할 '신성信誠'을 말씀하십니다.

대종사님께서 늘 제자들을 챙겨 줄 수는 없습니다.
대종사님께서 늘 제자들 곁에 생존해 계실 수도 없는 것이 엄연한 현실입니다.
제자들에게 신성을 당부하는 스승의 마음을 엿볼 수 있습니다.
제자들이 스승의 부재를 극복하고 계속해서 진급의 길을 가려면
반드시 필요한 것이 바로 '영겁永劫을 일관一貫'할 '신성信誠'인 것입니다.

나의 마음공부

- 이 법문에 등장하는 제자들의 신성과 나의 신성을 비교해봅니다.

- 스승이 '친절히 챙겨' 주지 못하고 '오고 가는 것조차' 모를 때 내 마음이 어떨지, 나의 신성이 변치 않을지 생각해봅니다.

- 내가 '알뜰한 신성'을 바치는 스승님이 있나요?

- 나의 신성은 '영겁을 일관' 할 만한 신성인가요?

14

대종사 설법하실 때에 김 정각金正覺이 앞에서 조는지라,
꾸짖어 말씀하시기를
[앞에서 졸고 있는 것이 보기 싫기가 물소 같다.] 하시니,
정각이 곧 일어나 사배를 올리고 웃는지라,

대종사 말씀하시기를
[내가 그 동안 정각에게 정이 떨어질 만한 야단을 많이 쳤으나
조금도 그 신심에 변함이 없었나니,
저 사람은 죽으나 사나 나를 따라 다닐 사람이라.] 하시고,
또 말씀하시기를
[제자로서 스승에게 다 못할 말이 있고
스승이 제자에게 다 못해 줄 말이 있으면
알뜰한 사제는 아니니라.]

『대종경』「신성품」 14장

• 야단惹端 : 소리를 높여 마구 꾸짖는 일. 매우 떠들썩하게 일을 벌이거나 부산하게 법석거림. 또는 그런 짓. 난처하거나 딱한 일.

알뜰한 사제 | 풀이 |

대종사 설법하실 때에 김정각金正覺이 앞에서 조는지라,
꾸짖어 말씀하시기를
[앞에서 졸고 있는 것이 보기 싫기가 물소 같다.] 하시니,
정각이 곧 일어나 사배를 올리고 웃는지라,

소태산 대종사님께서 공들여 설법을 하실 때 졸고 있는 제자를 보시고
'보기 싫다'라고 나무라시는데도
제자는 큰 절을 네 번 올리고 웃기까지 하는 재미있는 풍경입니다.
대종사님이 누구를 깊이 미워할 분도 아니지만
방편으로 밉다고 하셨더라도 이런 제자의 행동에 당신도 웃고 말 것 같습니다.
사제간의 정의情誼가 한껏 드러나는 장면입니다.

대종사 말씀하시기를
[내가 그 동안 정각에게 정이 떨어질 만한 야단을 많이 쳤으나
조금도 그 신심에 변함이 없었나니,
저 사람은 죽으나 사나 나를 따라 다닐 사람이라.] 하시고,

'정이 떨어질 만한 야단을 많이 쳤'다고 하십니다.
자칫하면 제자에게 상처가 될만한데 '조금도 그 신심에 변함이 없었'다고 평하십니다.
스승의 사私없는 야단을 제자가 사私없이 받아들였기 때문이겠지요.
사제 사이의 크고 깊은 신뢰와 뜨거운 정의情誼가 느껴지는 말씀입니다.

또 말씀하시기를
[제자로서 스승에게 다 못할 말이 있고

스승이 제자에게 다 못해 줄 말이 있으면
알뜰한 사제는 아니니라.]

제자를 야단치는 것으로 시작된 법문이
제자를 칭찬하는 것으로 마무리되고 있습니다.
생각만 해도 마음이 뭉클한 '알뜰한 사제'의 본보기입니다.

나의 마음공부

• '보기 싫기가 물소 같다'는 스승의 꾸지람을 듣는다면 나는 어떻게 할까요?

• 내가 하고 싶은 말을 다 할 수 있는 스승님을 모시고 있나요?

• 내게 할 말을 다 하시는 스승님을 모시고 있나요?

• 나는 누구와 '알뜰한 사제'의 관계를 맺고 있나요? (내가 제자 또는 스승으로)

대종사 말씀하시기를
[내가 오늘 조실에 앉았으니
노덕송옥盧德頌玉의 얼굴이 완연히 눈앞에 나타나서
얼마 동안 없어지지 아니하는 것을 보았노라.
그는 하늘에 사무치는 신성을 가진지라
산하가 백여 리에 가로막혀 있으나
그 지극한 마음이 이와 같이 나타난 것이니라.]

『대종경』「신성품」15장

・조실 祖室 : 종법사가 거처하는 집. 사원에서 주지가 거처하는 사방 1장丈 정도 크기의 방으로 방장方丈이라고도 한다. 방장이라는 말은 옛날에 유마힐 거사가 사방 10척 되는 방에 3만 2천 사자좌를 벌여놓았다는 데서 유래된 말이라고 한다.

하늘에 사무치는 신성 | 풀이 |

대종사 말씀하시기를
[내가 오늘 조실에 앉았으니
노덕송옥盧德頌玉의 얼굴이 완연히 눈앞에 나타나서
얼마 동안 없어지지 아니하는 것을 보았노라.

소태산 대종사님의 신비로운 체험 일화입니다.
이 현상에 대해 설명을 해주십니다.

그는 하늘에 사무치는 신성을 가진지라
산하가 백여 리에 가로막혀 있으나
그 지극한 마음이 이와 같이 나타난 것이니라.]

공간적으로 백 리쯤 떨어져 있는데 일어난 현상입니다.
'지극한 마음'이 '나타난' 현상이라고 말씀하십니다.
대종사님은 그 원인이 '하늘에 사무치는 신성'이라고 설하십니다.

흔히 있는 일이 아닌 신비한 일화입니다.
불가사의한 마음의 힘을 공부거리로 삼아야겠습니다.
무엇보다도 내 마음에 '하늘에 사무치는 신성'이 있는지를 성찰해야겠습니다.

나의 마음공부

• 나는 '하늘에 사무치는 신성'을 마음에 가지고 있나요?

• 나는 무언가에 '지극한 마음'을 낸 적이 있나요?

• 누군가 '지극한 마음'을 발해서 나타난 불가사의한 현상을 본 적이 있나요?

• 나는 앞으로 어떤 대상에게 '사무치는 신성'을 바칠 생각인가요?

16

정석현鄭石現이 사뢰기를
[저는 환경에 고통스러울 일이 많사오나
법신불 전에 매일 심고 올리는 재미로 사나이다.]
대종사 말씀하시기를
[석현이가 법신불의 공덕과 위력을 알아서 진정한 재미를 붙였는가는 알 수 없으나 그것이
곧 고 가운데 낙을 발견하는 한 방법이니
이러한 방법으로 살아간다면
고통스러울 환경에서도 낙을 수용受用할 수가 없지 아니하나니라.

내가 봉래산에 있을 때에 같이 있는 몇몇 사람은
그 험산궁곡險山窮谷에서 거처와 음식이 기구하고 육신의 노력은 과중하여
모든 방면에 고생이 막심하였으되
오직 법을 듣고 나를 시봉하는 재미로 항상 낙도 생활을 하여 왔고,
또는 영광에서 최초에 구인으로 말하더라도
본래 노동도 아니 하여 본 사람들로서 엄동설한에 간석지干潟地를 막아 낼 때에
그 고생이 말할 수 없었건마는 조금도 불평과 불만이 없이
오직 이 회상을 창립하는 기쁨 가운데 모든 고생을 낙으로 돌렸으며
나의 하는 말이면 다 즐거이 감수 복종하였나니,
그 때 그 사람들로 말하면 남 보기에는 못 이길 고생을 하는 것 같았으나
그 실은 마음속에 낙이 진진하여 이 세상에서 바로 천상락을 수용하였나니라.

그런즉, 그대들도 기위 이 공부와 사업을 하기로 하면
먼저 굳은 신념과 원대한 희망으로 어떠한 천신만고가 있을지라도,
이를 능히 초월하여 모든 경계를 항상 낙으로 돌리는 힘을 얻은 후에야
한없는 세상에 길이 낙원의 생활을 계속할 수 있으리라.]

『대종경』「신성품」 16장

- **기구 崎嶇하다** : 산길이 험하다. (비유적으로) 세상살이가 순탄하지 못하고 가탈이 많다.
- **낙도생활 樂道生活** : 도를 즐기는 생활. 도를 듣고 배우고 실행하기를 좋아하는 생활을 말한다. 대개의 사람들은 오욕의 충족을 즐기나 수도하는 사람은 도를 즐기는 생활을 한다. 소태산 대종사는 분수에 편안하면 낙도가 되는데 이는 지금 받고 있는 가난과 고통이 장래에 복락으로 변해질 것을 알기 때문이라고 했다.
- **기위 旣爲** : 벌써. 이미.

모든 경계를 항상 낙으로 돌리는 힘 | 풀이 |

정석현鄭石現이 사뢰기를
[저는 환경에 고통스러울 일이 많사오나
법신불 전에 매일 심고 올리는 재미로 사나이다.]
대종사 말씀하시기를
[석현이가 법신불의 공덕과 위력을 알아서 진정한 재미를 붙였는가는 알 수 없으나
그것이 곧 고 가운데 낙을 발견하는 한 방법이니
이러한 방법으로 살아간다면
고통스러울 환경에서도 낙을 수용受用할 수가 없지 아니하나니라.

고통스러운 환경에 처한 제자가 심고 올리는 재미로 산다고 하자
소태산 대종사님께서 제자 이야기에 덧붙여 의미 깊은 법문을 해주십니다.
'환경'이란 나를 둘러싼 외부의 경계를 통칭하는 것입니다.
'심고' 올리는 재미는 내면의 기쁨, 법열法悅입니다.
천만 경계라는 환경이 고통스러워도 '고 가운데 낙을 발견하는 한 방법'이라고
인정해주십니다.

하지만, 이 법문을 자세히 보면 대종사님께서 제자에게 말씀하시는 가운데
'법신불의 공덕와 위력을 알아서 진정한 재미를 붙였는가는 알 수 없으나'라고
제자의 공부 실력과 그 체험에 대해서 유보적인 표현을 하십니다.
아마도 제자가 아직은 '법신불의 공덕과 위력'을 제대로 알지 못하지만
그 나름대로 공덕과 위력을 체험하고 있다고 보신 것 같습니다.
또한 제자가 공부를 더 잘해서 '진정한 재미'까지 체험하기를 바라신 듯합니다.
대종사님과 함께한 제자들의 체험 사례를 소개해주십니다.

내가 봉래산에 있을 때에 같이 있는 몇몇 사람은
그 험산궁곡險山窮谷에서 거처와 음식이 기구하고 육신의 노력은 과중하여
모든 방면에 고생이 막심하였으되
오직 법을 듣고 나를 시봉하는 재미로 항상 낙도 생활을 하여 왔고,

대종사님께서 영산 방언 공사를 마치시고 봉래정사에 계실 때의 이야기입니다.
제자들이 '거처와 음식이 기구하고 육신의 노력은 과중'한 외부 '환경'에도
'법을 듣고 나를 시봉하는 재미'로
'항상 낙도樂道 생활'을 할 수 있었다고 실화를 전해주십니다.
'고통'이 '즐거움'으로 변한 사례입니다.

또는 영광에서 최초에 구인으로 말하더라도
본래 노동도 아니 하여 본 사람들로서 엄동설한에 간석지干潟地를 막아 낼 때에
그 고생이 말할 수 없었건마는

앞서 말씀하신 봉래정사에 머무시기 직전에 있었던
원기3년(서기1918년) 영산 방언공사 당시 최초 구인 제자들의 실화입니다.
'엄동설한'에 강행된 방언공사로 '그 고생이 말할 수 없었'다고 말씀하십니다.
대종경 전체를 보더라도 흔치 않은 고생에 대한 표현입니다.
대종사님의 심통제자 정산 종사는 이 당시를 이렇게 회고합니다.
"일심의 힘은 위대하나니,
팔, 구인이 삼동에 방언할 때에 얼음을 깨고 물속에 들어가 일을 하였으되,
무오년 감기처럼 심한 때에도 아무 일 없이 지냈나니라." - 『정산종사법어』 「법훈편」 47장
이 당시 '엄동설한'은 평상시의 엄동설한이 아니라
최근 서기 2020년 즈음의 전지구적 코로나-19 사태와 같았던 '무오년 감기',
소위 '스페인 독감'이 맹위를 떨쳐 수많은 사람이 죽을 때였던 것입니다.
그 당시 제자들의 고생이 매우 컸음을 짐작할 수 있습니다.

신성품

조금도 불평과 불만이 없이
오직 이 회상을 창립하는 기쁨 가운데 모든 고생을 낙으로 돌렸으며
나의 하는 말이면 다 즐거이 감수 복종하였나니,

외부 환경이 최악인 상황인데도 '조금도 불평과 불만이 없'었다고 하십니다.
'모든 고생'을 '낙으로 돌렸'다고 평하십니다.
대종사님 말씀을 '즐거이 감수 복종'하는 그 힘으로 방언공사가 완성되었던 것입니다.

그 때 그 사람들로 말하면 남 보기에는 못 이길 고생을 하는 것 같았으나
그 실은 마음속에 낙이 진진하여 이 세상에서 바로 천상락을 수용하였나니라.

'남 보기에'라는 말씀은 '외부적 시각', '겉보기엔'이라고 바꿔볼 수 있습니다.
외부의 '환경'은 '못 이길 고생'이었던 것입니다.
하지만 '그 실은 마음속에 낙이 진진'했던 것입니다.
구인 제자들의 내면은 사실로는 외부적 환경과 딴판이었던 셈입니다.
이런 기쁨이야말로 실다운 '천상락天上樂'이라고 할 수 있습니다.
게다가 이들의 마음속에 '오직 이 회상을 창립하는 기쁨'이라는 공익적 헌신,
대의에 바탕한 무아봉공에서 오는 깊은 기쁨이 있었기에 가능한 일이었을 것입니다.

그런즉, 그대들도 기위 이 공부와 사업을 하기로 하면
먼저 굳은 신념과 원대한 희망으로 어떠한 천신만고가 있을지라도,
이를 능히 초월하여 모든 경계를 항상 낙으로 돌리는 힘을 얻은 후에야
한없는 세상에 길이 낙원의 생활을 계속할 수 있으리라.]

동어반복이지만 대종사님 말씀을 하나하나 살펴봅니다.
'이 공부와 사업을 하기로 하면',
'먼저 굳은 신념과 원대한 희망'이 전제되어야 합니다.
그래야 '천신만고'를 '능히 초월'할 수 있습니다.

그런 마음으로 천만 경계에 응해서 심신작용을 수없이 해서
'모든 경계를 항상 낙으로 돌리는 힘을 얻은 후에야'
'낙원의 생활'을 '한없는 세상에 길이', '계속할 수 있'다고 차근차근 설해주십니다.
평범한 말씀 같지만 생략할 내용도 없고 순서를 바꿀 수도 없는 법문입니다.
공부인이 공부의 순서로 삼아야 할 내용입니다.

'이 공부 이 사업'이란 성불제중, 제생의세를 위한 신앙과 수행입니다.
'굳은 신념과 원대한 희망'이란 「개교의 동기」에 의하자면
'파란고해의 일체 생령을 광대무량한 낙원으로 인도'하려는 마음가짐입니다.
다른 말로는 '서원'이라고 할 수 있습니다.
이런 신념과 희망의 마음, 서원을 가져야 비로소
'어떠한 천신만고가 있을지라도 이를 능히 초월'할 수 있게 됩니다.
그 과정에서 비로소 '모든 경계를 항상 낙으로 돌리는 힘'을 얻게 되고,
그 다음에야 '낙원의 생활'을 할 수 있게 되는 것입니다.
한 마음이 어떤 결과를 가져오는지에 대해 인과의 이치대로 세세하게 설해주십니다.

공부인들이 자칫 공부길을 잘 못 잡으면 '낙원의 생활'을 오해할 수 있습니다.
고통스러운 현실을 회피하는 등의 쉬운 길로 '낙원'에 이르려고 할 수 있죠.
대종사님은 이 법문에서 그런 오해를 풀어주시고 바른길을 보여주십니다.
마음의 힘을 갖춰야 낙원 생활을 할 수 있고
그러려면 정당한 고통을 무릅써야 하고,
그러려면 '굳은 신념과 원대한 희망' 즉, 서원과 신성이 전제되어야 합니다.
대종사님은 이 법문에서 공부인들에게 매우 사실적인 공부의 순서를 알려주십니다.
'한없는 세상에 길이 낙원의 생활을 계속할 수 있으'려면
반드시 유념해야 할 법문입니다.

나의 마음공부

- 나는 법문에 등장하는 제자와 같이 '환경에 고통스러울 일이' 많아도 '법신불 전에 매일 심고 올리는 재미'를 체험했나요?

- 나는 최초의 구인 제자(선진님)와 같이 '말할 수 없는 고생'을 체험해보았나요?

- 나는 '이 공부와 사업을 하기' 위한 '굳은 신념과 원대한 희망'을 갖고 있나요?

- 나는 '어떠한 천신만고가 있을지라도, 이를 능히 초월하여 모든 경계를 항상 낙으로 돌리는 힘을' 얼마나 얻었나요?

- 나는 어떤 환경에서도 '한없는 세상에 길이 낙원의 생활을 계속할 수' 있나요?

제자 가운데 신(信)을 바치는 뜻으로 손을 끊은 사람이 있는지라,
대종사 크게 꾸짖어 말씀하시기를
[몸은 곧 공부와 사업을 하는 데에 없지 못할 자본이어늘
그 중요한 자본을 상하여 신을 표한들 무슨 이익이 있으며,
또는 진정한 신성은 원래 마음에 달린 것이요, 몸에 있는 것이 아니니,
앞으로는 누구든지 절대로 이러한 일을 하지 말라.] 하시고,
이어서 말씀하시기를
[아무리 지식과 문장이 출중하고
또는 한때의 특행(特行)으로 여러 사람의 신망이 높아진다 하더라도,
그것만으로는 이 회상의 종통을 잇지 못하는 것이요,
오직 이 공부 이 사업에 죽어도 변하지 않을 신성으로
혈심(血心) 노력한 사람이라야 되나니라.]

『대종경』「신성품」 17장

- 종통 宗統 : 종파의 계통. 한 종교의 법통法統. 종문宗門의 전통. 원불교에서는 종통을 이은 최고 지도자를 종법사라고 한다. 정산종사는 소태산 대종사의 종통을 이어 후계 종법사가 되었고 이후 종법사들도 종통을 계승한 것으로 간주한다.

혈심血心 노력　｜ 풀이 ｜

제자 가운데 신信을 바치는 뜻으로 손을 끊은 사람이 있는지라,
대종사 크게 꾸짖어 말씀하시기를

소태산 대종사님께 특별한 신심을 증명하려는 제자의 극단적 행동이 발생합니다.
본인은 '신信'을 바치기 위한 순수한 의도의 행동이었지만
대종사님은 '크게 꾸짖'으시며 경계警戒의 가르침을 주십니다.
대종사님의 본의와는 상반되는 도를 넘는 행동이었기 때문입니다.

[몸은 곧 공부와 사업을 하는 데에 없지 못할 자본이어늘
그 중요한 자본을 상하여 신을 표한들 무슨 이익이 있으며,
또는 진정한 신성은 원래 마음에 달린 것이요, 몸에 있는 것이 아니니,
앞으로는 누구든지 절대로 이러한 일을 하지 말라.] 하시고,

보은하고 수행을 하는 데 '몸'은 반드시 필요하다는 것,
몸을 상해가면서 신을 표해도 별 '이익'이 없다는 것,
'진정한 신성'은 '마음'에 달렸다는 것을 차례차례 짚어주시고,
'절대로' 이 같은 행위를 하지 말라고 강하게 명하십니다.
'신信'의 근본 목적이 무엇인지를 성찰하게 하십니다.
종교인이라면 누구나 '신을 바치는 뜻', 목적을 냉철하게 돌아봐야겠습니다.

이어서 말씀하시기를
[아무리 지식과 문장이 출중하고
또는 한때의 특행特行으로 여러 사람의 신망이 높아진다 하더라도,
그것만으로는 이 회상의 종통을 잇지 못하는 것이요,

오직 이 공부 이 사업에 죽어도 변하지 않을 신성으로
혈심血心 노력한 사람이라야 되나니라.]

'이 공부 이 사업에 죽어도 변하지 않을 신성'이 소중함을 강조하십니다.
이러한 신성으로 '혈심 노력한 사람'만이
'종통宗統' 즉 '법통法統'을 이을 수 있다고 단언하십니다.
교조의 뜻, 교법의 핵심 가치, 회상의 목적 등 교단의 정체성을 지켜내는데
지식이나 문장 실력, 특별한 행동이나 대중의 신망 등은 부수적이라고 설하십니다.

스승에게 신성을 바치는 이유는 어느 한 스승의 인정을 받기 위함이 아닙니다.
스승을 통해서 진리에 다가가고 신앙과 수행에 진전을 이루기 위한 것임을
명심해야 합니다.
그래서 진정한 스승은 자신을 향한 신성이 진리와 신앙과 수행으로 향하도록
제자를 지도합니다. 그래야 바른 스승인 것입니다.
안타깝게도 이 법문의 제자는 소태산 스승님의 본의와는 어긋나는 행동을 했습니다.
제자에게도 사정이 있었겠지만 대종사님의 가르침에 반하는 행동임이 분명합니다.

제자가 자신의 신성을 증명하고 싶었다면 오히려 그런 행동을 할 것이 아니라,
'오직 이 공부 이 사업에 죽어도 변하지 않을 신성으로 혈심血心 노력' 했어야 합니다.
'신성'이라는 말이 '믿을 신'자와 '정성 성'자로 이뤄졌음을 상기할 필요가 있습니다.
'한때의 특행'이 아니라 끊임없는 '정성'이 필요합니다.
'신'은 그 자체로 증명할 수 없습니다.
'신'은 '정성'스러운 삶으로 증명되는 것입니다.

참된 '신성'의 의미를 성찰하게 하는 법문입니다.

나의 마음공부

• '신성'을 바친다는 것과 스승의 인정을 받는 것은 어떤 차이가 있을까요?

• '신성'을 바치는 궁극적 목적은 무엇일까요?

• 스승에게 신성을 바쳐서 얻는 것은 무엇일까요?

• 나는 '이 공부 이 사업에 죽어도 변하지 않을 신성으로 혈심 노력'을 하고 있나요?

• 나는 무언가를 '혈심血心'으로 해보았거나 하고 있나요?

문 정규 여쭙기를
[송규·송도성·서대원 세 사람이 지금은 젊사오나 앞으로 누가 더 유망하겠나이까.]
대종사 한참 동안 묵연하시는지라,
정규 다시 여쭙기를 [서로 장단이 다르오니 저로서는 판단하기 어렵나이다.]

대종사 말씀하시기를
[송규는 정규의 지량으로 능히 측량할 사람이 아니로다.
내가 송규 형제를 만난 후 그들로 인하여 크게 걱정하여 본 일이 없었고,
무슨 일이나 내가 시켜서 아니 한 일과 두 번 시켜 본 일이 없었노라.
그러므로, 나의 마음이 그들의 마음이 되고 그들의 마음이 곧 나의 마음이 되었나니라.]

『대종경』「신성품」18장

- **송규 宋奎** : (1900-1962) 호적명은 도군道君. 족보명은 홍욱鴻昱. 휘는 추柩. 법명은 규奎. 법호는 정산鼎山. 법훈은 종사. 소태산대종사의 상수제자上首弟子로, 소태산 열반 후 법통을 이은 원불교 후계 종법사이며, 개벽계성開闢繼聖으로 받든다. 1900년 8월 4일 경북 성주군 초전면 소성동에서 부친 벽조(久山 宋碧照)와 모친 이운외(準陀圓 李雲外)의 2남 1녀 중 장남으로 태어났다. 1917년(원기2) 스승을 찾아 전라도를 탐방하고 있을 때, 대각을 이루고 제도사업에 나선 소태산이 전북 정읍으로 그를 찾아가 만나고, 제자로 맞아들여 수위단 중앙단원에 임명했다. 정산은 법인성사法認聖事를 이루고 소태산의 봉래산 주석기에 함께하여 교법제정에 보필하며, 새 회상의 초창역사인『불법연구회창건사佛法研究會創建史』를 집필하고, 소태산의 명을 받들어『정전』편수에 주력하며, 1943년(원기28) 6월 1일 소태산이 열반에 들자 법통을 계승했다. 일제의 핍박을 받으면서도 교단을 지키고, 해방 후「교헌敎憲」을 제정하며, 정식교명인 '원불교圓佛敎'를 천하에 선포했다.「대종사성비명大宗師聖碑銘」을 찬술하여 소태산 주세성자主世聖者로 보는 대종사관을 확립했다. 1961년(원기46) 1월 삼동윤리三同倫理를 설하고, 이듬해인 1962년(원기47) 1월 24일 열반에 들었다.
- **송도성 宋道性** : (1907~1946) 본명은 도열道悅. 호는 직양直養. 법호는 주산主山. 법훈은 종사. 정산종사의 동생이다. 영산지부장겸 교무, 총부교무, 총무부장, 교정원장, 수위단원을 역임했다.
- **서대원 徐大圓** : (1910~1945) 본명은 길홍吉泓. 법호는 원산圓山. 법훈은 대봉도. 1910년 3월 10일 전남 영광군 법성면 용덕리에서 부친 기채奇彩와 모친 박도선화朴道善華의 5남매 중 차남으로 출생. 1929년(원기14) 2월 22일 출가하여 불법연구회 상조부, 공익부 서기 및 출납원, 연구부장, 순교무, 총부교감 등을 역임했다.
- **문정규 文正奎** : (1863~1936) 법호는 동산冬山. 소태산대종사 봉래 주석기의 전문 시봉인.『대종경』「수행품」33장,「인도품」36장,「성리품」14·22장,「신성품」18장,「전망품」7·29장 등 7곳에 등장하는 인물이다. 1863년 6월 5일에 전남 곡송군 곡성면 장선리에서 부친 화준華俊과 모친 하河씨의 장남으로 태어났다. 농업과 상업에 종사하다가 52세시 전주로 이사하여 한의업을 경영했다. 1920년(원기5) 친구인 송적벽의 인도로 전북 부안 변산을 찾아 소태산의 제자가 되었다. 후일 소태산은 법설하는 자리에서 "문정규는 늙은 몸으로 그 산중 험로에 들어와서 거처와 음식이 기구하건마는 나 하나 만나 보려는 재미로 모든 고생됨을 잊어버리고 오직 즐거워만 했다"고 칭찬했다.

나의 마음이 그들의 마음 | 풀이 |

문 정규 여쭙기를
[송규·송도성·서대원 세 사람이 지금은 젊사오나 앞으로 누가 더 유망하겠나이까.]
대종사 한참 동안 묵연하시는지라,
정규 다시 여쭙기를 [서로 장단이 다르오니 저로서는 판단하기 어렵나이다.]

아마도 이 제자는 당시 대중의 신망을 얻었던 세 인물에 대한
스승님의 평가가 궁금했던 모양입니다.
소태산 대종사님께서는 쉽게 답하지 않으시다가 질문이 거듭되자 응답하십니다.

대종사 말씀하시기를
[송규는 정규의 지량으로 능히 측량할 사람이 아니로다.
내가 송규 형제를 만난 후 그들로 인하여 크게 걱정하여 본 일이 없었고,
무슨 일이나 내가 시켜서 아니 한 일과 두 번 시켜 본 일이 없었노라.
그러므로,
나의 마음이 그들의 마음이 되고 그들의 마음이 곧 나의 마음이 되었나니라.]

일단 정산鼎山 종사(송규宋奎)에 대해서 그 제자가 평가할만한 인물이 아니라고
완곡한 말씀으로 높이 평하십니다.
형제간인 송규와 송도성을 평하면서 실다운 신성의 내용을 알려주십니다.
'크게 걱정하여 본 일'이 없었고,
'내가 시켜서 아니 한 일'이 없었고,
'두 번 시켜 본 일'이 없었노라고.
더 나아가 '나의 마음이 그들의 마음이 되'었다고 토로하십니다.
그야말로 그들이 '심통제자心通弟子'임을 인정하십니다.

신성품

최고의 신성을 바친 제자와 한마음이 된 스승님의 무한한 신뢰와
그윽한 행복감마저 느껴지는 법문입니다.

대종사님께서 직접 인정한 두 제자의 신성 가득한 삶을 본받으려면
『원불교교사』나 『정산종사법어』 등 관련 내용을 참고하기 바랍니다.

나의 마음공부

• 나는 도가의 인물 됨됨이를 어떤 기준으로 어떻게 평가하고 있나요?

• 나는 스승님을 걱정하게 한 적이 없나요?

• 나는 공적으로 맡은 일을 반드시 해내고 있나요?

• 나는 스승님(또는 대종사님)과 한 마음이 되었나요?

대종사 말씀하시기를

[주세主世의 성인들은 천지의 대운을 타고 나오는지라,

중생들이 그 성인과 그 회상에 정성을 다 바치며 서원을 올리면

그 서원이 빨리 이루어지고,

그 반면에 불경하거나 훼방하면 죄벌이 또한 크게 미치나니,

다만 그 한 분뿐 아니라,

그러한 분과 심법心法이 완전히 합치된 사람도 그 위력이 또한 다름없나니라.]

『대종경』「신성품」19장

- **주세성자 主世聖者** : 교법의 내용이나 방편이 다른 성자들 보다 뛰어난 성자. 세상을 책임지고 일체중생을 교화하는 성자. 주세불主世佛과 같은 의미이다.

주세主世의 성인들　　|풀이|

대종사 말씀하시기를
[주세主世의 성인들은 천지의 대운을 타고 나오는지라,

세상을 책임지고 주도적으로 교화하는 성인들이 '주세의 성인'입니다.
바꿔서 말하자면 '천지의 대운을 타고 나오는' 성인들이십니다.
『정전』「법률은」에서
'때를 따라 성자들이 출현하여 종교와 도덕으로써 우리에게
정로正路를 밟게 하여 주심이요'라고 하신 바로 그 성자들이라고 할 수 있습니다.
또한 『대종경』「전망품」1장에서
"세상이 말세가 되고 험난한 때를 당하면 반드시 한 세상을 주장할 만한 법을 가진
구세성자救世聖者가 출현하여 능히 천지 기운을 돌려 그 세상을 바로잡고 그 인심을 골라
놓나니라."라고 하신 구세성자가 '주제의 성인'입니다.

이분들이 한 시대를 책임지고 교화하여 가장 큰 영향을 미치시는 성자들입니다.
시대의 큰 기틀과 흐름을 미리 아시고 거기에 가장 큰 변화를 주시는 분들입니다.
주세 성인들의 가르침은 반드시 이뤄지는 큰 위력을 갖습니다.

중생들이 그 성인과 그 회상에 정성을 다 바치며 서원을 올리면
그 서원이 빨리 이루어지고,

스승을 모시려면 큰 스승을 모셔야 합니다.
이왕이면 '천지의 대운을 타고 나오는' 주세 성자를 모셔야합니다.
같은 신성을 바쳐도 그 공덕의 크기가 다르기 때문입니다.
위대한 스승의 법력은 범부들이 가늠하기 힘듭니다.

주세 성자의 법력과 능력을 가늠한다는 것은 불가능에 가깝습니다.
그분들의 가르침을 따랐을 때의 공덕 역시 가늠하기 어렵습니다.

'그 성인과 그 회상에 정성을 다 바치며 서원을 올리면
그 서원이 빨리 이루어'짐도 믿어 의심치 않아야 합니다.
'성인'과 '회상'은 둘이 아니기 때문입니다.
성인의 지혜와 구세 경륜이 모두 '회상'에 담겼기 때문입니다.
성인의 가르침과 교법이 담긴 경전, 심통제자들, 구세 경륜을 실현할 다양한
제도들이 '회상'을 이루기 때문입니다.
'서원'과 '성인'과 '회상'이 하나가 되어 상승효과를 불러올 것입니다.
주세 성자들이 회상을 만드는 이유가 바로
후래 대중들의 서원 성취를 돕는데 있기 때문입니다.

그 반면에 불경하거나 훼방하면 죄벌이 또한 크게 미치나니,

'중생들이 그 성인과 그 회상에 정성을 다 바치며 서원을 올리면 그 서원이 빨리
이루어지'는 것이 인과의 이치라면,
'그 반면에 불경하거나 훼방하면 죄벌이 또한 크게 미치'는 것도 인과의 이치입니다.
호리도 틀림이 없는 인과의 이치를 거슬렀기 때문입니다.
진리를 역행했기 때문입니다.

다만 그 한 분뿐 아니라,
그러한 분과 심법心法이 완전히 합치된 사람도 그 위력이 또한 다름없나니라.]

주세 성자가 열반을 했을 경우 어떻게 될까요?
'그러한 분과 심법이 완전히 합치된 사람'들 즉 심통제자들이 있겠지요.
그들 또한 주세 성자와 '위력이 또한 다름없나니라'고 확언하십니다.
마음과 마음이 하나가 되었기 때문입니다.

육신, 색신은 생노병사로 변화하지만 법신은 여여합니다.
주세 성자와 마음이 합치된 제자들에게 신성을 이어갈 이유가 여기에 있습니다.
성자의 색신에 편착하여 바치는 신성은 주세불 소태산 대종사님이 말씀하시는
진정한 신성이 아닙니다.
영원한 신성을 어떻게 가꿔가야 할지를 알려주시는 법문입니다.

다음은 정산 종사님의 『세전』 중 '신앙의 도'에 관한 법문입니다.
신앙과 신성에 관한 매우 유익한 참고 법문입니다.

"신앙의 도는 첫째 잘 가려서 믿는 것이니,
신앙의 대상에는 좁은 대상과 원만한 대상이 있고
허망한 대상과 진리에 맞는 대상이 있으며,
신앙하는 방법도 사사한 방법과 정당한 방법이 있고
미신스러운 방법과 사실다운 방법이 있음을 알아서,
그 가장 원만하고 진리에 맞는 대상과
정당하고 사실다운 방법을 가리어 믿을 것이요,

둘째는 타력신과 자력신을 아울러 나아가는 것이니,
신앙의 대상을 우러러 믿고 받들어 나아가는 것과
자기의 성품 가운데 모든 이치가 본래 갖추어져 있음을 발견하여
안으로 믿고 닦는 것을 병진할 것이요,

세째는 연원 계통을 성심으로 공경하고 믿는 것이니,
각자의 신앙의 종지를 밝혀 주신 큰 스승님과
그 법과 그 법의 계통을 성심으로 공경하고 믿는 동시에,
한 걸음 나아가 이 세상 모든 도리가 본래 다 한 이치에 근원하였음을 알아서
삼세의 모든 부처님과 성인들을 두루 공경하고 믿을 것이요,

네째는 신성을 일관하는 것이니,
그 믿음이 환경과 시일을 따라 물러나거나 끊어지지 않고
어떠한 어려운 경계를 당할지라도 한결 같은 신성으로 영생을 일관할 것이니라."

다음은 대산 종사님의 신심에 관한 법문입니다.

"사대불이신심四大不二信心
 1. 진리와 내가 하나가 되고.
 2. 스승과 내가 하나가 되고.
 3. 법과 내가 하나가 되고.
 4. 회상과 내가 하나가 되어야 하니니라.
 이상 네 가지를 다 갖춘 분은 이 회상의 온통 주인공이 될 것이요,
부분을 갖춘 분은 조각 주인공이 될 것이요,
하나도 갖추지 못한 분은 이 회상에 잠깐 다녀간 손님밖에 못될 것이니라."
－『대산종사법문집 제1집』「수신강요修身綱要1」

나의 마음공부

- 내 서원의 내용은 무엇인가요?

- 주세불 소태산 스승님이나 모시는 스승님이 열반으로 부재한 상태에서 나의 신성은 어디를 향해서 바쳐야 할까요?

- 내가 모시는 스승님의 심법이 소태산 대종사님의 심법과 어느 정도나 합치되나요?

- 나는 대종사님 심법과 얼마나 합치되고 있나요?

- 나의 신성을 스스로 평가해봅니다.

 『대종경』 15품의 주요 내용

제 1 서   품 : 원불교 창립 목적과 배경, 주요 과정 및 불교 혁신의 내용 등 소태산 사상의 서설적 법문.
제 2 교의품 : 원불교의 신앙·수행 교리 전반에 관한 법문.
제 3 수행품 : 원불교 수행법 이해와 실행에 관한 다양한 법문.
제 4 인도품 : 도덕의 이해와 실천에 관한 원론적 법문과 다양한 응용 법문.
제 5 인과품 : 인과보응의 이치에 대한 다양한 해석 사례와 응용 법문.
제 6 변의품 : 교리에 관련된 다양한 의문들에 관한 응답 법문.
제 7 성리품 : 성품의 원리와 깨달음, 견성 성불 및 성리문답에 관한 법문.
제 8 불지품 : 부처님의 경지와 심법, 자비방편에 관한 법문.
제 9 천도품 : 생사의 원리와 윤회·해탈, 영혼 천도에 관한 법문.
제 10 신성품 : 신앙인의 믿음과 태도에 관한 법문.
제 11 요훈품 : 인생길과 공부길을 안내하는 짧은 격언 형태의 법문.
제 12 실시품 : 다양한 경계에 응한 대종사의 용심법에 관한 법문.
제 13 교단품 : 원불교 교단의 의의와 운영, 발전 방안 및 미래 구상에 관한 법문.
제 14 전망품 : 사회·국가·세계, 종교, 문명, 교단의 미래에 관한 예언적 법문.
제 15 부촉품 : 대종사가 열반을 앞두고 제자들에게 남긴 부탁과 맡김의 법문.

소태산 대종경 마음공부

발행일 | 원기109년(2024년) 3월 10일
편저자 | 최정풍

디자인 | 토음디자인
인쇄 | ㈜문덕인쇄

펴낸곳 | 도서출판 마음공부
출판등록 | 2014년 4월 4일 제2022-000003호
주소 | 전북 익산시 익산대로 463, 3층
전화 | 070-7011-2392
ISBN | 979-11-986562-1-6
값 | 12,000원

도서출판 마음공부는 소태산마음학교를 후원합니다.
후원계좌 : 농협 301-0172-5652-11 (예금주: 소태산마음학교)